尼加拉瓜國會大廈

2. 中美洲精美羽毛畫
3. 尼加拉瓜國民美食gallo pinto （林立綸攝）
4. 提卡馬雅古文明遺跡

5. 瓜地馬拉古城安地瓜教堂
6. 尼加拉瓜湖一景
7. 尼加拉瓜豐富的炸海鮮拼盤

5

6 | 7

8. 雅緻的安地瓜民間建築迴廊

9	
10	11

9. 安地瓜街景

10. 瓜地馬拉咖啡

11. 瓜地馬拉亞提特蘭湖畔的印第安部落

12. 薩爾瓦多白色教堂

13. 高聳的瓜
地馬拉安
地瓜火山
14. 薩爾瓦多
玉米餡餅

	15	
16		17

15. 薩爾瓦多村落建築
16. 薩爾瓦多的陶瓷工藝
17. 薩爾瓦多盛產的可可

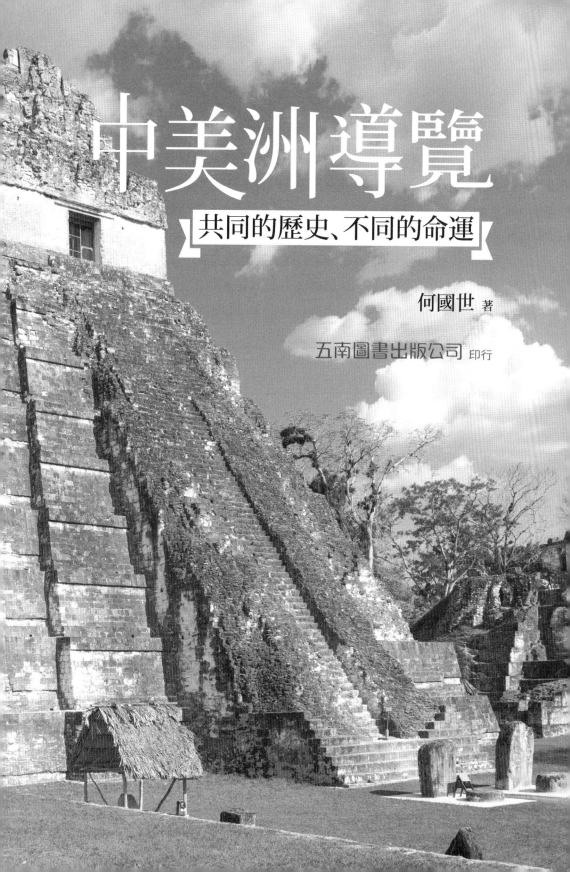

中美洲導覽

共同的歷史、不同的命運

何國世 著

五南圖書出版公司 印行

自序

　　讀歷史除了讓我們記取教訓，還會讓我們敞開胸懷。從 1994 年七月還在西班牙馬德里 Complutense 大學念博士班時，首次造訪中美洲五國後，個人曾因研究需要、帶領國際青年大使，以及學生企業實習的機會，多次親身體驗中美洲各國的歷史、民情風俗、飲食等人文與自然的情境。基於這樣的感受以及對於中美洲歷史的熱愛，個人於一年多前，利用課餘的零星時間，研讀、整理最近幾年蒐集的資料，開始撰寫《中美洲導覽─共同的歷史、不同的命運》。

　　雖然我國的外交重鎮在中美洲，但坊間有關中美洲歷史等相關中文書籍極為欠缺，五南書局願意出版個人拙作，令人相當欣慰與敬佩。讀了本書的目次，讀者會從章節編排上，發現作者並沒有特別偏重描述中美洲史的某一個時期或某個國家，更沒有偏重近代史，儘管近代史常被認為特別重要，也特別鮮活、真切。作者認為，歷史就像一道長河，古往今來的任何時期的歷史應該都沒有輕重之分。本書史事的敘述以政治、經濟為骨幹，俾使讀者能釐清歷史發展的脈絡。但作者也非常注意社會現象、文化生活等方面的敘述。

　　本書區分為九章。第一章地理、物產與經貿，綜論中美洲的地理環境、自然資源與經貿現況。第二章風俗習慣與飲食文化，則先描述中美洲的整體狀況，再詳論各國的風俗習慣與飲食文化。第三章西班牙殖民時期的發展。因此，西班牙對中美洲地區的征服與殖民掠奪就成為本章論述的重點。第四章十九世紀的獨立運動與國家建立，主要在闡述獨立運動與獨立後初期的中美洲情勢，包含中美洲聯邦瓦解、保守派復辟及外國勢力的威脅、自由派的改革─新的社會秩序，以及民族、社會與國家的發展。第五章經濟微弱成長（1900-1945），作者敘述中美洲出口經濟的發展、自由主義政治的理論與實踐、社會的變遷，以及美國的巨棒及睦鄰政策。第

六章經濟成長失衡（1946-1980），其中改革主義的前景、工業化及中美洲共同市場以及政治與社會—自由派的危機，是本章探究的重點。第七章危機與轉折（1981-1990），在本章中，作者述說這段期間中美洲的整體形勢、各國的懸殊差異、簽屬和平協議等重要內容。第八章艱困的重建與和平之路（1991-2000），我們將分析此時其中美洲代議制民主與選舉、社會的變革、中美洲發展的挑戰與前景。最後一章，二十一世紀初的發展與未來展望，主要闡述二十一世紀初，中美洲在政治、經濟、社會、整合等各面向的發展與展望。

　　歷史的解釋是與時俱進的，考據的新發現、新時代面對的新問題等等，不同時期，會有不同的看法。本書之作，多數論點與描述大致上是參考各種有關中美洲的書籍、期刊及網路的資料。由於時間倉促、國家眾多，書中錯誤在所難免，尚祈讀者不吝賜正。

　　本書能順利完成要特別感謝內人曾素真及家人的全力支持。此外，特別感謝五南書局的編輯群和提供我寶貴資料的靜宜大學蓋夏圖書館。

何國世

110年四月於臺中大肚山麓靜宜大學西班牙語文學系

CONTENTS
目錄

自序   (2)

第一章　地理、物產與經貿   001
　　第一節　地理與氣候   002
　　第二節　農工業與交通   008
　　第三節　各國經濟情勢與對外貿易   011

第二章　風俗習慣與飲食文化   021
　　第一節　風俗習慣   022
　　第二節　飲食文化   029

第三章　西班牙殖民時期的發展（1520-1821）   037
　　第一節　西班牙人的征服   038
　　第二節　十七世紀的蕭條   043
　　第三節　光明的世紀   048

第四章　十九世紀的獨立運動與國家建立   057
　　第一節　中美洲聯邦瓦解   058
　　第二節　保守派復辟及外國勢力的威脅   066
　　第三節　自由派的改革——新的社會秩序   070
　　第四節　民族、社會與國家   076

第五章　**經濟微弱成長（1900-1945）**　081
　　第一節　出口經濟的發展　081
　　第二節　自由主義的理論與實踐　086
　　第三節　社會的變遷　093
　　第四節　美國的巨棒及睦鄰政策　096

第六章　**經濟成長失衡（1946-1980）**　101
　　第一節　改革主義的前景　102
　　第二節　工業化及中美洲共同市場　107
　　第三節　政治與社會──自由派的危機　111

第七章　**危機與轉折（1981-1990）**　117
　　第一節　整體形勢　118
　　第二節　各國的懸殊差異　121
　　第三節　和平協議　132

第八章　**艱困的重建與和平之路（1991-2000）**　139
　　第一節　代議制民主與選舉　139
　　第二節　社會的變革　145
　　第三節　發展的挑戰　150
　　第四節　未來的承諾　154

第九章　**二十一世紀初的發展與未來展望**　157
　　第一節　中美洲整合的歷程、問題與前瞻　158
　　第二節　經濟發展的問題與前瞻　164

第三節　二十一世紀中美洲移民的挑戰　　170

第四節　政治與社會發展的問題與前瞻　　174

第五節　主要的挑戰與未來展望　　179

大事年表　　181

參考書目　　192

第一章
地理、物產與經貿

　　中美洲土地狹長，從北到南共有兩千公里。從1900年起美國與中美洲關係逐漸密切，並在1922至1933年間於尼加拉瓜及瓜地馬拉有海軍常駐，所以美國在許多場合總是干涉中美洲各國事務。一般而言，中美洲各國特別是瓜地馬拉，對工業較為進步的墨西哥存有戒心。此外，宏都拉斯和尼加拉瓜邊界糾紛仍懸而未決。在某些方面，中美洲似乎是整個拉美的縮影。

　　中美洲位於北緯8至18度的熱帶地區，東臨加勒比海，西濱太平洋。內陸高原是人口密集區，其他大部分地區為稠密森林，乾燥地區有限。本書所言中美洲國家，只論及具有共同歷史命運的瓜地馬拉、薩爾瓦多、宏都拉斯、尼加拉瓜、哥斯大黎加等五國。

　　眾所皆知，農業是中美洲主要的經濟活動，而且實際上本區沒有重要礦產，也沒有大規模的工業。另外，中美洲人種複雜，瓜地馬拉主要由印第安人和印歐混血組成，其他國家大多為印歐混血，而哥斯大黎加主要為白人。此外，從西非引進的黑人主要分布在加勒比海沿岸。除哥斯大黎加外，1821年獨立後，很少有外來移民進入中美洲。

　　一般而言，中美洲的歷史並無特殊之處。北部為馬雅文化發源地，由於和十六世紀從墨西哥和巴拿馬移入的西班牙人混血，除瓜地馬拉外，中美洲印第安人漸漸減少。由於缺乏礦產，且在殖民地時代和十九世紀時，仍以農業為主，中美洲不足以吸引歐洲人。從瓜地馬拉南部經薩爾瓦多延伸到宏都拉斯的南部，是一個人口密度高的綿延地區，因此這三個國家的界線很難畫分。

　　自獨立後，中美洲勢力突然衰落，全區人口總和甚至比哥倫比亞少，而且其生產總值也不及委內瑞拉和智利。十九世紀，中美洲各國

常有政治聯合。1823年墨西哥帝國瓦解後，中美洲地區組成聯合省，但於1838年瓦解，各國紛紛獨立。1951年，中美洲各國成立「中美洲國家組織」（La Organización de Estados Centroamericanos），但因存在諸多缺失，1962年由在巴拿馬簽訂的新憲章取代。1958至1959簽定多邊自由貿易協定，並於1961年成立「中美洲共同市場」（Mercado Común Centroamericano），訂定共同對外關稅。巴拿馬雖參加，但並非完全會員國，哥斯大黎加為了享有自由經濟活動，至1963年才成為會員國。

中美洲諸國中，哥斯大黎加在經濟、社會和政治方面比其他國家進步；至於薩爾瓦多及哥斯大黎加則在工業方面稍具成就。一般而言，中美洲各國仍以農業為主，咖啡、棉花和香蕉是主要農作物。此外，本區最引人注意的問題是急需開通一條新運河，以代替現在的巴拿馬運河。總之，雖然中美洲是一個面積小，而且是一個低度開發的地區，但其戰略地位極為重要。

第一節　地理與氣候

中美洲地理給外界的第一印象即是遍布火山及熱帶森林。其有兩個主要山脈地區，山脈之間是一片陷落低地，山脈地區並不綿延，輪廓也不清晰，但足以阻礙東西海岸大部分地區的來往。山脈地區也有許多高達500至2000公尺的河谷與盆地，除尼加拉瓜和巴拿馬外，中美洲大部分的人口居住在高原的河谷與盆地。北部山區地勢較高，在瓜地馬拉境內有若干火山，高度在3000公尺以上。靠近太平洋的山地有比較狹窄而不綿延的低地，也有崎嶇的半島伸入海洋。由於分水嶺都逼近太平洋岸，所以太平洋岸的河流都非常短促。在加勒比海岸，東部地區和北部山地都非常破碎，但在尼加拉瓜和宏都拉斯則有廣大的平原。

由於高山盤繞且兩面臨海，中美洲氣候像墨西哥一樣複雜。某些地

區氣溫隨高度而降低，除瓜地馬拉外，最高的地方只是亞熱帶氣候而非溫帶，平均年雨量幾乎都超過1000公釐，加勒比海沿岸和南部的太平洋岸則超過2000公釐。5月至11月為雨季，在加勒比海沿岸則完全是熱帶雨林地區。而靠近較乾燥的太平洋方面，則為熱帶半落葉林區，實際上本區草原不多。中美洲的森林地帶比墨西哥多並大多是具有商業價值的硬木與軟木。臨加勒比海大部分地區不需灌溉，但靠近太平洋方面，目前已建造若干水利工程。

　　另外，每年6月1日至11月30日為加勒比海及中美洲的颶風季節。在此期間，超過95%的熱帶氣旋活動發生在該地區。通常會產生時速約119公里或更高的最大持續風速，經常造成中美洲國家人員及財物的嚴重損失，甚至重創經濟發展。

一、瓜地馬拉

　　瓜地馬拉是中美洲國家中，位置最北也是人口最多的國家。此外，它也是美洲文化最古老的地區之一。它的北部和西部與墨西哥相鄰，東南連接薩爾瓦多和宏都拉斯，東北鄰貝里斯，西南瀕太平洋，東部少部分地區臨加勒比海。

　　瓜地馬拉一詞來源於印第安語，意為「森林茂密的地方」，因此被稱為「森林之國」。在北部遼闊的佩騰（Petén）低地，雨量充足，氣候濕潤，至今大部分地區仍被原始茂密的熱帶雨林所覆蓋。中部火山帶以南是太平洋沿海平原。由於肥沃的火山土和適宜的氣候條件，使各種樹木繁茂生長。這裡盛產桃花心木、雪松等名貴木材。但是近年來，由於亂砍濫伐，森林資源遭到很大破壞，目前森林約占全國土地面積的40%。

　　瓜地馬拉全境2/3是山地和高原，中南部由高地構成，馬德雷山脈及庫丘塔內斯山脈橫亙中央；高原以南是30多座火山連成的火山帶，其中有10座活火山，所以地震頻繁。位於墨西哥與瓜地馬拉邊境的塔

弗木耳科火山海拔4211公尺，是中美洲最高峰。主要河流烏蘇馬欣塔河，長1100公里，是中美洲最長且流量最大的河流。瓜地馬拉的火山，除了帶來災害，也讓土地肥沃；同時因火山爆發，河道淤塞，形成許多湖泊，其中位在首都附近的亞提特蘭湖，風光明媚，景色優美。

　　瓜地馬拉屬熱帶、亞熱帶氣候。沿海平原和低地屬熱帶雨林氣候，終年炎熱多雨；高原和山地屬亞熱帶森林氣候，涼爽而溫和。由於地形複雜，從沿海平原到高山地帶，氣溫大致成階梯狀分布，海拔越高的地區，溫度低且溫差大；高原的年均氣溫為16℃～20℃，低地為25℃～30℃。但各區的降雨量在各季節大致相同，5至11月為雨季，12至次年4月為旱季。東北部年均降雨量為2,000～3,000公釐，南部為500～1,000公釐。

二、薩爾瓦多

　　薩爾瓦多地處熱帶地區，北部與東北部分別與瓜地馬拉和宏都拉斯接壤，西南瀕太平洋，是中美洲唯一沒有瀕臨兩洋的國家。面積只有2萬1千多平方公里，是西語美洲面積最小的國家。領土主要部分屬火山高原，經常有地震與火山爆發。薩爾瓦多一詞就是「火山國」的意思。首都是聖薩爾瓦多（San Salvador）。

　　薩爾瓦多全境由南北兩條大致東西走向的山脈和三個低地組成。北部山系是薩爾瓦多與宏都拉斯的天然疆界，它向南逐漸沉沒於蘭帕河谷。南部山系中，有20多座火山，其中有些是活火山。該山系的休眠火山聖安娜是全國最高峰，達2381公尺。山系南麓是寬約16至24公里的太平洋沿岸平原，約占全國面積1/4。蘭帕河是薩國最大河流，其下游小部分河段可通航小船，其餘河流多較短小。由於河流都穿越山系，便於建築水壩，這使得彈丸之地的薩國，擁有豐富的水電資源。

　　薩爾瓦多地處熱帶，雖然國土狹小，但氣候並不單一。低地和南部沿海平原氣候濕熱，屬熱帶雨林氣候。年平均氣溫約23℃，年降雨

量約1000至2000公釐。大部分降雨集中在5至9月。山地屬熱帶森林氣候，比較溫和濕潤，年降雨量在2000公釐以上。在海拔1800公尺以上地區，終年氣溫很少超過18℃，是這個熱帶之國的絕佳避暑勝地。

三、宏都拉斯

宏都拉斯曾是古馬雅王國的一部分，1502年哥倫布第四次航行到達宏都拉斯附近沿海遇到深淵，故稱此地為宏都拉斯。因為西班牙語宏都拉斯即「深度」或「無底深淵」之意。

宏都拉斯是中美洲第二大國，國土呈三角形，北臨加勒比海，海岸線長約880公里；南頻太平洋豐塞卡灣，海岸線長約153公里；東南與尼加拉瓜接壤，邊界長達922公里，西北及西南部分別與瓜地馬拉和薩爾瓦多接壤，邊界分別為248和335公里。國土面積為11萬多平方公里。

宏都拉斯是中美洲山脈最多的國家，內地為熔岩高原，沿海為平原。該國山巒起伏，河流湍急，山地占全國面積的80%。全國可分為三大地理區。一是中部山區，地勢由西向東傾斜，從海拔300到3000公尺不等。這地區集中宏國主要的採礦業和畜牧業，全國70%的人口居住在此。其次是北部沿加勒比海低地，此地河流縱橫，土地肥沃，有該國最繁忙的港口柯爾特斯，以及廣闊的香蕉種植園。而且，該國的輕工業和加工業也都集中在此區。最後則是南部太平洋沿岸低地。這塊土地僅占全國2%的面積，但是畜牧業發達，而鄰近的山坡地則是該國主要的咖啡產區。宏都拉斯主要河流有帕圖卡河和烏盧阿河，最大湖泊誓約霍阿湖，面積170平方公里。

宏都拉斯地形複雜，氣候多樣化，主要為熱帶氣候。北部沿海地區屬熱帶雨林氣候，年平均溫度31℃。中部山區則較涼爽和乾燥，屬亞熱帶森林氣候，年平均溫度23℃。該國只有旱季、雨季之分。每年6至11月是雨季，其他月份為旱季。雨季期間雨量充沛，北部沿海地帶和山

地迎風坡年降雨量可達3,000公釐。旱季平均氣溫相對略高一些。

四、尼加拉瓜

尼加拉瓜位於中美洲中部，東臨加勒比海，西瀕太平洋，北接宏都拉斯，南部與哥斯大黎加接壤，是中美洲面積最大的國家。東部海岸線長537公里，西部海岸線則長350公里。尼加拉瓜可區分為三個地理區域。一是西部地區，包括太平洋沿岸平原和近海低平山地。二是中部高原地區，包括西北向東南延伸的高山區。主要山脈有馬拉維奧斯山和阿美利蓋山。第三是東部地區，包括加勒比海沼澤和叢林的沿海平原區。

尼加拉瓜境內湖泊廣布，以馬納瓜和尼加拉瓜湖最為著名，兩湖水面高出海平面30公尺。尼加拉瓜湖湖水，經由聖胡安河注入加勒比海。尼加拉瓜湖面積約為7770平方公里，是中美洲最大的湖泊，也是世界上唯一有鹹水魚的淡水湖。該國主要河流都集中在中部和東部地區，且都流入加勒比海。

尼加拉瓜是多火山的國家，境內火山集中在中部高原與高山區內。中美洲靠近太平洋岸的年輕火山軸線長達800公里，從墨西哥及瓜地馬拉交界向南延伸至哥斯大黎加。尼加拉瓜北部及中部大部分地區都處在這一軸線上，所以此區域為早期火山噴發熔岩所掩蓋。現在仍有許多火山活動，每次火山爆發都會造成巨大災難。此外，火山地區湖泊密布且多盆地。

中美洲的地震比火山噴發次數更頻繁，破壞程度也更嚴重。尼加拉瓜在太平洋沿岸常有地震災害，與火山的活動有密切關係，也是沿岸海洋深層斷裂的結果。1972年，馬納瓜曾發生大地震，造成8000多人死亡，兩萬多人受傷，全城幾乎成為一片廢墟。

尼加拉瓜屬熱帶型氣候，年平均溫約25℃，但各地區差異大。而海拔高度的變化是氣候複雜的重要因素之一。通常，氣溫會隨著高度增加而下降。位於海平面至海拔830公尺，一年中白天溫度雖高，但夜間

卻相當涼爽，無霜凍，適合熱帶作物生長。海拔830至2000公尺，是溫帶區。而2000公尺以上是寒帶區。此外，沿海地區氣候還受海洋本身及洋流的影響。再者，尼加拉瓜全年分為兩季，夏季是雨季，從5月至10月。冬季（旱季）從11月到隔年4月。雨季時多熱帶陣雨，常伴隨雷電風暴。太平洋沿岸地區年均降雨量1000公釐，而大西洋沿岸地區則高達4000公釐。

五、哥斯大黎加

　　哥斯大黎加是從西班牙語「costa rica」來的，即「富饒的海岸」。據說哥倫布在第四次遠航美洲時，於1502年9月18日抵達此地東部海岸，看到當地物產豐富，就驚訝地道出「costa rica」，後來就以此為國名。

　　哥斯大黎加位於中美洲地峽南部，北接尼加拉瓜，南連巴拿馬，西瀕太平洋，東臨加勒比海。全國只有5萬多平方公里，海岸線長1228公里。哥國地形複雜，山脈由西北向東南縱貫全境，將全國分為三大自然區。首先是中部高原區，占全國面積40%。由北部瓜納卡斯特山脈、中央山脈與南部的塔拉曼卡山脈組成，中間夾雜一些盆地。中部高原多火山，最聞名的是波阿斯火山，高2705公尺，火山口直徑1.6公里，以及伊拉蘇火山，高3432公尺。全國最高峰是位於南部高原的大奇里坡山，海拔3920公尺。中部高原全年均溫19度，旱季、雨季非常分明。5至11月是雨季，12至隔年4月是旱季。

　　其次是太平洋沿海平原地區，約占全國面積40%。西部海岸曲折，有許多半島和海灣。平原地區土地肥沃，全年均溫23至25℃，雨量充沛，年降雨量達2000至3000公釐。西北部沿海地區雨量較少，每年有短暫乾旱季節。最後是加勒比海低地，占全國面積20%。多沼澤和熱帶森林，平均氣溫22至28℃，年降雨量3800至5000公釐，沒有旱季。

　　哥斯大黎加河流眾多，大多源於中部高原的三大山脈，形成兩大水

系，分別流入太平洋和加勒比海。北部有一些河流注入尼加拉瓜湖，或
成爲聖胡安河的支流。哥斯大黎加的河流水量充沛、落差大，適合發展
水力發電。

哥斯大黎加中央群山所形成的高原，是哥國人口最密集的地帶。此
高原分隔太平洋與加勒比海岸的平原地區。一般而言，太平洋海岸較加
勒比海岸狹窄。哥斯大黎加處於熱帶地區，兼有溫帶氣候。年平均溫度
在22至27℃之間。此氣候適合各種植物的生長，植物資源非常豐富，
因此哥斯大黎加素有「美洲植物園」的稱號。全國森林密布，森林占國
土面積37.2%，至今仍有許多原始森林。此外，哥國設有眾多的國家公
園或自然保護區。而且，哥國有「四季長春的國度」和「美洲瑞士」的
美稱。

第二節　農工業與交通

一、農工業發展

中美洲地區火山熔岩和沖積土壤非常廣大，這些都構成農業的基
礎。中美洲有1/2至2/3的人口仍然從事農業。在中美洲特別是瓜地馬拉
土地集中於少數人的手中。薩爾瓦多因面積小，地主所擁有的土地並不
多。而在哥斯大黎加，家庭農場則非常普遍。此外，中美洲大部分香
蕉生產都由美國兩大公司（United Fruit和Standar Fruit）所控制。實際
上，除了薩爾瓦多，中美洲的土地只有一小部分是耕地。儘管中美洲地
區的土地崎嶇不平且較爲貧瘠，但擴大種植和放牧的範圍，似乎是當務
之急。

此外，中美洲的農業分爲三種型態：1.基本糧食作物如玉米、稻
米、豆類、根莖類，塊莖甚至於蔗糖，專供本地區消費；2.經濟作物，
特別是咖啡、棉花、香蕉的種植，主供外銷；3.飼養牛隻。這三種型
態，不但不互相排斥，而且同時集中於若干地方。特殊的作物都是種植

於最佳地區，而且必須靠近海港或交通便利處。咖啡質佳價高，全區都有生產，但主要分布於瓜地馬拉、薩爾瓦多和哥斯大黎加，約生長於600至1800公尺。1800年和1850年，德國人將咖啡種植先後傳入中美洲的哥斯大黎加、薩爾瓦多與瓜地馬拉，這三國咖啡產量占中美洲農產品總值的40%至50%。

而香蕉則較晚才大力推廣，主要供應外銷。起初，香蕉幾乎都種在沿加勒比海地區，以利出口至美國。後來，為了避免感染疾病，逐漸轉移到太平洋沿岸地區。目前，厄瓜多是中美洲在香蕉市場上的主要競爭者。在加勒比海岸原先種植香蕉的耕地，現在都已改種可可和基本糧食作物。

原先，中美洲以種植及出口咖啡和香蕉兩項經濟作物為主，但二次世界大戰後，由於推廣其他作物，所以對於這兩種作物的依賴稍有降低。其他作物是指專供出口的棉花以及供本地消費的蔗糖、稻米和菸草。棉花主要種植於較乾燥的太平洋沿岸低地，特別是在薩爾瓦多和尼加拉瓜。不過，中美洲許多地區，特別是瓜地馬拉、宏都拉斯和尼加拉瓜，經濟發展仍然非常落後，最多只能自給自足。其次，由於不太注重飼養與飼料，中美洲的牛隻養殖仍然無法與外國競爭。雖然，宏都拉斯和尼加拉瓜也輸出牛肉，但整個中美洲畜牧業發展仍不發達。

此外，中美洲的工業不發達。因此，大部分的勞工都與農產品加工有關。儘管咖啡種植面積小且散布於中美洲各地，但聖薩爾瓦多有一個極具規模的咖啡工廠，從事製造以運銷美國。香蕉採摘與裝箱運銷等作業以迅速為原則，但棉花、菸草和其他作物需經過加工處理後才會外銷。中美洲工業大多是小規模加工業和製造業，缺乏現代化設施。缺乏大規模工業的原因，是因為缺少廣大市場及大量礦藏。但本地區長期經濟落後，以及始終脫離不了以農業為主的經濟發展模式，也是重要因素。由於缺乏動力、資本和工業技術，使中美洲與較貧瘠的加勒比海島嶼區的經濟一樣落後。

雖然黃金產於尼加拉瓜且為主要輸出品之一，煤鐵產於宏都拉斯，石油產於瓜地馬拉，但與其他地區比較，這些礦產在中美洲並不具重要地位。事實上，中美洲有巨大的水力發電潛力，但並未積極開發。此外，大部分中美洲國家的煉油廠，規模極小。另外，中美洲各國的製造業產品也相當雷同。

二、各國狀況

薩爾瓦多地狹人稠，是中美洲人口最密集的地區，對中美洲整個市場極具吸引力。再者，中美洲並未高度城市化。此外，其城鎮規模小且大部分位於高地。為了解決貨物運輸以及人員的大量往來，建立及改善鐵公路網仍是中美洲各國政府的當務之急。自第二次大戰起，為加強各國間的聯繫以及運送戰略物資，美國投入大量資金於中美洲建設從墨西哥邊境至巴拿馬的泛美國際公路。目前，各國間的往來，仍嚴重依賴這條公路。至於，各國首都間的迅速聯絡以及和更偏遠地區的聯繫，航空運輸仍扮演重要的角色。

瓜地馬拉最大地特色是人口集中於高地，而且貧窮的印第安人和黑白混血人種以種植糧食作物為生。首都瓜地馬拉市，發展迅速並擁有全國10%的人口，但沒有工業。北部廣大森林區至今甚少開發，瓜國政府計劃移民十萬家庭從事開墾。至於薩爾瓦多，因為地狹人稠，沒有新土地可以種植，所以耕地需求的壓力很大，糧食需要進口，迫使許多居民移入鄰國宏都拉斯。事實上，薩爾瓦多因有充裕的勞工，具備工業化條件。咖啡的種植和美國的援助使得資本充足，致製造業有不錯的成長，目前正積極地改善並充實高等學校的設備，以培育工業人才。

宏都拉斯的問題，積弊甚深。人口多集中於加勒比海岸的汕埠（San Pedro Sula），首都德古西加帕地位孤立，與外界隔離。香蕉是北部的主要輸出品，而且北部大多是農業部落，並以飛機及貨車與中西部聯絡。宏都拉斯擁有森林、牧地、礦產等多項資源，但80%以上人口

分布於鄉村且密度小，如何改善經濟環境是該國最頭痛的事情。再者，汎美國際公路僅通過該國最南部地區。

而尼加拉瓜雖然面積中美洲最大，但人口集中在靠近馬納瓜及尼加拉瓜等大湖周邊的低地。該國不產香蕉，棉花為主要經濟作物。至目前為止，加勒比海沿岸仍然甚少開發，至於內地則只有少數的森林和畜牧業。至於哥斯大黎加人口組成分子與中美洲其他地區不同，咖啡及香蕉是其主要輸出品，歐洲移民遍布於整個哥斯大黎加。

中美洲經濟整合儘管艱難，但於1960年已有具體的行動與成果，如降低內部關稅等。中美洲汎美國際公路的完成以及航空公司的成立，皆有助於彼此間更進一步的聯繫、了解與合作。事實上，中美洲的電力若能聯合經營，統一管理，除可避免行政上之衝突，也能解決長期以來經常缺電、斷電之苦。

第三節　各國經濟情勢與對外貿易

中美洲國家整合具有悠久的歷史，共同使用西班牙語及共同歷史命運與文化背景是其整合最有利的因素。但部分人士認為各部落距離遙遠、各國產品大致相同、互補性低，而且彼此貿易量少，這不利於共同市場的存在與運作。此外，美國是中美洲國家的主要貿易對象，但雙邊貿易量於1960年起日趨減少，而與德國、日本的貿易則日漸增加。此外，除由委內瑞拉進口石油外，中美洲與拉丁美洲其他國家的貿易極少。雖然近年來對於咖啡和香蕉出口的依賴已日趨降低，但其產量仍超過需求。

一、瓜地馬拉

瓜地馬拉的經濟以農業為主，主要生產及出口的產品，依序為咖啡、蔗糖、香蕉和棉花。木材以桃花心木最有名。至於礦產方面，雖然地下蘊藏金、銀、鋅、石油等礦產，但很少開發。瓜國擁有豐富的旅遊

資源，火山湖泊的自然風光，隨處可見的古代馬雅遺跡，可以吸引大量的外國遊客。獨立後，瓜地馬拉在自由黨人推行經濟民主化後，經濟有一定發展。從十九世紀中葉起，德、英、美等國資本相繼滲入，開闢了許多咖啡種植園。特別是大批德國移民湧入瓜地馬拉，他們不僅擁有最好的咖啡園，而且壟斷了該國咖啡的出口市場，並使咖啡成為瓜地馬拉的經濟支柱。第一次世界大戰爆發後，德國的優勢逐漸喪失，美國取而代之。

十九世紀末二十世紀初，美國大力發展香蕉等熱帶水果生產，控制瓜地馬拉的經濟命脈。瓜地馬拉全國92%的香蕉生產，87%的鐵路和70%以上的發電都掌握在美國公司手中。同時，美國還操縱該國的港口海運、電報和外貿等部門，造成瓜國經濟畸形發展，只發展咖啡、香蕉和棉花等單一出口作物。此外，瓜地馬拉是以農業為主的發展中國家。全國有50%以上的人口從事農業，可耕地占全國總面積15%左右。但土地集中在少數地主手中，占農戶0.1%的大莊園主，卻占有40%以上的農地。瓜地馬拉農業經濟具有美國經營的熱帶作物大種植園與原始的小農經濟並存的特徵。

瓜地馬拉是中美洲第二大咖啡生產國，小豆蔻出口居世界首位。瓜國還大力發展棉花種植業，已成為世界新興的產棉國。當然，香蕉歷來都是該國重要的出口農產品。糧食作物主要有玉米、高粱、水稻、豆類等。畜牧業和林業也有一定發展。東部和南部高原地區有大片牧場，在大部分海濱地帶和太平洋平原的大莊園，多從事牲畜飼養業。該國盛產的桃花心木、杉木、人心果樹等貴重木材都具有很高的經濟價值。然而，瓜地馬拉的工業基礎仍然薄弱，本國工業以食品、木材加工、造紙等為主，但工業大部分被外資壟斷。

一九八〇年代中期以來，瓜地馬拉的旅遊業快速發展。主要旅遊景點有殖民古城安地瓜（Antigua），提卡爾（Tikal）、奇奇卡斯特南戈（Chichicastelango）等馬雅文化遺址及部落，以及亞提特蘭火山湖

（Lago Atitlán）等奇異風光。此外，由於工業基礎較弱，瓜地馬拉出口的主要產品為咖啡、棉花、香蕉和肉類等農產品，而進口主要的商品多是消費品、機器設備、建材、化工等製成品。外貿長期逆差，主要貿易對象是美國、薩爾瓦多、宏都拉斯、德國、日本、墨西哥等國，其中最大的貿易夥伴是美國。

根據瓜國中央銀行資料顯示，瓜地馬拉與亞洲主要國家進出口貿易比重很小，分別僅占進出口總額的12%及4.17%，且集中在少數產品項目。瓜國出口至亞洲國家產品以咖啡、蔗糖、蝦類、廢金屬、木材、塑膠原料、鋁、銅等少數產品為主。至於臺瓜兩國經貿交流還稱順暢，尚無重大經貿問題存在。臺瓜自由貿易協定（FTA）係我國繼巴拿馬之後與中美洲國家簽署的第二個自由貿易協定，同時是瓜地馬拉與亞洲國家所簽署的第一個自由貿易協定，深具意義。惟兩國距離遙遠，加上瓜國市場規模較小及出口產品以農產品為大宗，因此雙邊貿易量不大。目前，中國大陸已超越日本成為世界第二大經濟體，瓜國以及中美洲其他國家皆對中國大陸廣大之消費市場寄望甚高。瓜國工業發展較弱，中國大陸製品充斥市場，因此瓜國應加強產品多元化，並提升產能。

和其他中美洲國家一樣，在瓜國掌權的是少數的富有階級，大多數人都相當貧窮，而且瓜國貧富差距大。瓜國人口年成長2.7%，失業率5%，半失業率40%，文盲率27%。瓜國主要語言為西班牙文和馬雅印第安語。在政治體制方面，瓜國是屬「總統制共和國」。議會為一院制，議員任期四年，每兩年改選一半，總統則由直接選舉產生，任期四年。

二、宏都拉斯

從一八四〇年代起，英國和美國勢力逐漸進入宏國。在一八四〇至五〇年代，英國曾占領宏都拉斯北部沿海部分領土和島嶼，同時英國資本開始大量進入宏國。1850年，美國與英國簽署克萊頓－布爾沃條

約。結果，英國於1859年將所占領的土地歸還宏都拉斯。之後，美國資本也開始大舉進入宏都拉斯。1884年美國與宏國簽訂條約，規定美國公司享有租用鐵路和香蕉種植園土地的特許權。

宏都拉斯是農業國，可耕地占全國面積的37%，就業人口中60%從事農業。農業產值占國民生產總值的1/3。香蕉和咖啡是最主要的農產品。香蕉主要產地在北部沿加勒比海一帶。由於氣候、土壤等條件適宜，這一地區除香蕉外還種植咖啡、甘蔗、玉米等其他作物。此外還有各種蔬菜和熱帶水果。宏都拉斯的主要出口產品依序為：咖啡、香蕉、龍蝦、冷凍肉品等。進口主要是食品、燃料、化學品、機器設備、車輛等。宏都拉斯整個出口中農產品占79%，工業品占21%。森林占全國面積45%，盛產松木、杉木和紅木。該國糧食不能自足，必須依賴進口。宏國大力發展旅遊業，尤其是大力發展北部海岸、海灣島嶼的旅遊以及該國與瓜地馬拉邊境馬雅文化科潘（Copán）遺址的旅遊。

宏都拉斯的經濟大幅依賴國際市場。國際市場價格的變化對該國經濟的發展有直接的影響。其對外貿易對象主要是美國，與美的貿易額占對外貿易額的一半左右。其次為西歐國家，主要是德國、英國等。另外是中美洲其他國家以及日本等。臺灣與宏都拉斯雙邊貿易具互補性，但宏國本身市場規模不大，與我距離遙遠，且存在文化差異及語言障礙等因素，致雙邊貿易額成長必須靠政府單位的大力促銷。

我國與宏國雙邊貿易成長空間仍大。近年來宏國持續鼓勵外資投資加工出口產業，目前加工出口區廠商主要從事成衣生產並外銷至美國市場。此外，近年來宏國冷凍海產更超越距離之限制，出口到臺灣，亦得利於我方之投資與開發。雖然投資帶動出口效果大，但在宏國直接投資之複雜性與風險均較高，且傳統產業所需人力成本遠高於亞洲低成本國家。

再者，宏都拉斯與我國仍存在重要經貿問題。首先，為因應陸商與韓商之競爭，臺灣商人需明顯區隔定位。臺灣商展團應向宏國商界強調

與我進行貿易「機會多、利潤佳、互補性強」之訊息,且臺灣廠商應展現其為最具效率之亞洲產品整合性出口商,才能在宏國市場規模較小及其景氣不佳情況下,有效刺激宏國商人進口之意願。其次,因語言隔閡與宏國洽談貿易溝通不易。宏國進口產品配銷中心集中在北部海岸商業重鎮汕埠市以及首都德古西加帕。臺商宜在這兩個城市設置代理辦事處或是代理商,方能完全掌握宏國內需市場。

三、薩爾瓦多

薩爾瓦多土地肥沃,氣候良好是一個以農業為主的國家。從五月至十月是雨季,雨量非常豐富。在其他季節,雨量雖不多,但有河流和湖泊的灌溉,因此全國都適合熱帶及亞熱帶作物的生長。咖啡、蔗糖及棉花是薩國三大作物。其中咖啡和棉花是薩爾瓦多出口的支柱產品,1980年這兩項產品出口占薩爾瓦多總出口額的64%。薩國也是世界上第七大咖啡生產國。

薩爾瓦多是個國土狹小的國家,自然資源相對較少。其農產品有玉米、高粱、柑橘、香蕉、稻米、豆類、酪梨、木薯和番茄;主要禽畜飼養有牛、豬和鴨。農、畜產品僅供國內需要,其中穀物、乳類和乳製品甚至不足自給,略需進口。在林業方面,薩爾瓦多的森林覆蓋率為13.4%,香脂樹及其製品是薩爾瓦多林木特產,保持傳統出口地位。因為地處熱帶的北太平洋濱海國家,商業性漁業生產在薩爾瓦多產業中占重要地位。主要的出口水產品是龍蝦和小蝦。其中向美國出口的小蝦其出口額僅次於咖啡、棉花而居第三位。此外,人口快速成長,缺乏土地以及經濟上依賴咖啡出口,是薩國未來發展所面臨的三大問題。在美國合法及非法的眾多薩國移民匯回的僑匯對薩國經濟也有莫大的幫助。

薩爾瓦多北部地區因不宜發展作物栽培業,於是大力發展畜牧業,形成極具優勢的畜牧業區。西部和中部地區適於種植咖啡,是咖啡種植園的集中地。東部地區地勢較平緩,水源充足,其優勢農業是棉花、稻

米和甘蔗栽培。至於南部沿海地區，理所當然地利用其捕魚優勢發展水
產業。農業是薩爾瓦多的經濟基礎，基本能滿足國內的糧食需求，還爲
該國創造90%的外匯收入，其重要性不言可喻。雖然薩國政府向來努力
加強發展農業，但是，其發展一直受到土地制度的嚴重制約。目前，薩
爾瓦多農業的土地制度由村社、大農戶、大莊園和外國資本經營的各種
出口型農場交織並存。目前，薩國土地的主要特點是高度集中於少數寡
頭階級手中。大莊園和種植園主僅占農戶的2.5%，卻占有農業土地的
59%；小農戶占總農戶的40%，卻只占農業土地的4.5%。

　　薩爾瓦多使用美元，而且目前與許多個國家有貿易關係。發展外
貿主軸在大力發展創匯農業，爲發展工業提供資金。主要貿易對象是美
國、日本和中美洲共同體成員國。主要出口產品是咖啡、棉花、蔗糖、
龍蝦等。此外，薩爾瓦多非常歡迎外資也積極促進外商投資。美國爲薩
爾瓦多最大投資國，主要分布於銀行、煉油和機械製造部門。航空運
輸、鐵路及大部分咖啡生產，大多掌握在美國私人資本手中。德國、義
大利等國在薩爾瓦多也有投資，日本對薩爾瓦多的投資近年來增長較
快。

　　一次世界大戰前，德國資本已經對薩爾瓦多經濟產生巨大影響。因
此，第二次大戰爆發後，薩爾瓦多成爲美洲各國中唯一拒絕與德國斷絕
關係的國家。到1941年，在全世界反法西斯氛圍和美國的壓力之下，
薩爾瓦多才追隨美國向德義法西斯宣戰。此後，美國取代德國在薩爾瓦
多的地位。美國對薩國的控制和薩國對美國的追隨日益增加。此外，美
國也誘導薩爾瓦多簽訂許多軍事和貿易協定。

　　臺灣與薩爾瓦多進、出口產品種類少且變化不多。另外，薩國與我
國仍存在重要經貿問題。首先，推動臺薩自由貿易協定，因薩國工業產
品競爭力不夠、適合輸出臺灣產品少、輸臺海運費用高以及我國對薩國
貿易向來享有順差，因而有其侷限性。此外，中國大陸及亞洲競爭國崛
起，也爲兩國未來貿易蒙上陰影。

四、尼加拉瓜

尼加拉瓜也是以農業為主的國家，農村人口占44%。雖然二次大戰後，工業明顯發展，但全國仍有半數以上人口從事農業。農林漁牧業占國內生產總值的31.3%，從事農業的勞力占全部的38.4%。主要農作物有咖啡、棉花、蔗糖、香蕉和一些貴重木材，這些產品的出口是尼國主要外匯的來源。糧食作物有玉米、豆類和稻米。畜牧業較發達，肉類出口占出口總額的20%。此外，菸草、海鮮產品也占重要地位。礦產以金最有名，是中美洲產金最多的國家。

一九八〇年代，尼加拉瓜的貿易夥伴主要是西歐國家。在1985至1990年，美國對尼加拉瓜實施封鎖期間，尼國與前蘇聯建立密切的貿易關係。主要出口產品有咖啡、棉花、香蕉、蔗糖和肉類。主要進口物資是石油、原料、食品和機械。此外，尼國是個非常落後的國家，超過50%的人口處於失業或半失業狀態。95%的人信仰天主教，5%為基督教。文盲率約34%。總統五年一任，也是中美洲唯一兩院制的國家。

雖然早在一九三〇年代，臺灣與尼加拉瓜已經建立經貿關係，但1985年至1990年間，因桑定政權採行社會主義而中斷，至1990年底查莫洛總統上任後，積極開放市場，勵行民主政治，才又與我國復交，雙方經貿與投資關係快速成長。2011年，我國與尼加拉瓜貿易創下10年來新紀錄，雙邊貿易大幅成長，而且我國成為尼國產品在亞洲的第一大市場。2011年，伴隨經濟景氣復甦，我自尼國進口大幅成長，採購項目以金屬廢料居首。同時，因紡織成衣業者接單回穩，在尼國從事成衣加工外銷之臺商業者所需纖維布料、拉鍊配件、紡織縫紉機器及零件、黏著劑、包裝塑膠袋及紙箱等自臺灣進口亦大幅成長。

另外，我國與尼加拉瓜自由貿易協定關稅減讓有利雙邊貿易。一方面，尼加拉瓜對我國產品提供優惠；另一方面，臺商可積極運用雙邊自由貿易協定的優惠，拓展優質平價產品的商機。不過，雙方仍存在一

些問題。首先，因尼國中小企業缺乏系統經營管理，對尼貿易宜審慎應對。第二，尼國海關及檢疫單位效率低落，造成臺商在尼投資及貿易的困擾。第三，尼國經貿法令更改頻繁，影響臺商在尼國營運的穩定性。第四，尼國海關稅則項目分類不足，造成進口申報及課稅障礙。最後，尼國海關常以高價低報爲由拖延廠商進口報關程序。另外，治安惡化，形成臺商營運疑慮，以及臺尼自由貿易投資專章中「投資保護」功能仍待發揮，這都是有賴雙方積極解決的問題。

五、哥斯大黎加

　　就經濟結構而言，哥國與其他拉美國家一樣，仍保存著大土地產所有制，但是小農經濟也得到不錯的發展。雖然近年來電子產業大幅發展，但整體而言，哥國仍盛行單一經濟作物。出產以咖啡和香蕉爲主，糖次之。中美洲各國的咖啡和香蕉，都是由哥國往外推廣的結果。再者，哥斯大黎加的經濟具有三個主要特點：一、地理、氣候以及歷史因素造成三大經濟區域；二、二次大戰後，經濟經歷迅速發展、嚴重衰退以及恢復與發展的三個階段；三、不斷進行產業結構調整，單一農業經濟正向多樣化經濟轉變，以香蕉、咖啡爲主的傳統農業在國民經濟中的地位逐漸下降，工業、旅遊業以及非傳統產業蓬勃發展。

　　哥斯大黎加分爲三大經濟區。中央高原區是該國主要經濟區，公路網比較稠密且集中全國57%的人口，是主要的農業區和工業中心，生產哥國大部分的咖啡、蔗糖、可可及糧食等。其中聖荷西省就占全國咖啡產量的1/3。全國80%的工廠及企業也分布在此區。而且首都聖荷西是全國政治、經濟及文化中心。西部沿海地區是熱帶草原和森林區，主要生產香蕉、咖啡、甘蔗、稻米、玉米。畜牧業發達，瓜納卡斯特省是主要養牛區，有許多大型畜牧場。該區森林多屬珍貴木材，有許多中小型木材廠。至於東部沿海區，有熱帶森林，種植咖啡、可可、香蕉。利蒙省是可可、香蕉的主要種植中心，利蒙港是主要港口。

　　二次大戰後，哥國的經濟發展可分為三個階段，從戰後到一九七〇年代後期為第一階段，一九七〇年代後期至一九八〇年代後期為第二階段，一九八〇年代末以來為第三階段。第一階段是哥斯大黎加經濟快速發展時期。此階段，由於政府加強對經濟的干預，並將銀行、電力、鐵路收歸國有，採行進口替代和出口多樣化的措施，並鼓勵發展新的經濟部門。1963年哥斯大黎加加入中美洲共同市場，擴大該國產品的出口市場。此外，外國投資增加，初級產品在國際市場的價格提高。雖然此階段經濟發展較快，但由於依賴少數幾種農產品的經濟結構沒有根本改變，仍嚴重依賴世界市場，經濟情勢常受國際市場價格波動的影響。同時，重要經濟部門受外國資本控制，經濟基礎脆弱，易受資本主義經濟危機的衝擊。

　　第二階段是經濟嚴重衰退期。此時期，石油等主要進口產品價格上漲，而主要出口產品咖啡、香蕉等價格急劇下降。此外，一九八〇年代受中美洲地區衝突影響，旅遊收入減少，而且尼加拉瓜和薩爾瓦多等國大批難民湧入，加重哥國財政負擔。因此，人民生活水準嚴重下降，並出現30年來最嚴重的經濟和貨幣危機。第三階段是經濟恢復與成長時期。自一九八〇年代末期以來，政府採取穩定的宏觀經濟、調整經濟結構、發展非傳統產業、實行貿易自由化、擴大出口、整頓國有企業、改革稅收制度，以及大力吸引外資等政策。此外，由於中美洲局勢趨於緩和，哥斯大黎加旅遊業再次蓬勃發展，旅遊收入大幅增加。而且咖啡、香蕉等初級產品在國際市場上的價格提高，也使哥國出口收入明顯增加。

　　一九五〇年代以前，哥斯大黎加經濟嚴重依賴香蕉、咖啡、蔗糖等少數農產品，其他產業極為落後。自一九六〇年代以來，哥國歷屆政府採取各種措施，發展多樣化經濟。一方面，繼續重視發展香蕉、咖啡等傳統農業，同時大力發展熱帶水果、鮮花、蔬菜、編織業等非傳統農業。此外，也努力發展工業和旅遊業。哥斯達黎加工業基礎原來很

薄弱。自一九五〇年代起，政府重視發展工業，1959年頒布工業發展法，在稅收、關稅、貸款等方面扶持民族工業，使工業得到較快的發展。一九九〇年代以來，旅遊業已成為哥斯大黎加創匯最多的產業。

對外貿易總額占哥斯大黎加國內生產總值的比率由一九八〇年代的50%左右提高至一九九〇年代初的70%左右。一九九〇年代以來，主要出口產品是香蕉、咖啡、蔗糖、牛肉、服裝、水果、編織品、鮮花、鮮魚等。主要進口商品是機械設備、化工產品、建築材料、燃料等。哥斯大黎加主要貿易夥伴是美國、日本、西歐以及中美洲國家。

2007年6月，兩國中止外交關係，我國撤館，此後即無任何官方接觸或雙邊正式活動。因為雙邊未互設商務單位，影響文件驗證及商務推廣。但是，我國與哥國雙邊貿易卻穩定成長，2011年雙邊貿易總額為4億2,367萬美元，較2010年增加35%，其中2011年哥國對我出口以積體電路為大宗，單項產品即高占哥國輸我總值之74.7%；我國對哥國出口亦以積體電路為大宗，獨占我外銷哥國總值之54%，故我與哥國雙邊貿易高度集中於單項資訊與通訊產品趨勢明顯，而伴隨國際經濟景氣復甦及資訊與通訊電子產業接單大幅成長，雙邊貿易亦隨之迅速增加。

第二章
風俗習慣與飲食文化

中美洲國家除哥斯大黎加外，在西班牙殖民前都曾或多或少存在高度發展的馬雅文明。因此，這個地區，特別是瓜地馬拉，印第安人口比率最高，而且至今，不論是日常生活或是風俗習慣，都保留印第安人深刻的印記。此外，在飲食方面，也流傳許多原住民的習俗與禁忌。

中美洲的飲食多元豐富。此地區，除了大多講西班牙文外，從最北的瓜地馬拉南至哥斯大黎加，玉米餅（Tortilla）可說是當地另一種共同語言，餐桌上玉米餅無所不在。而瓜地馬拉人對於玉米餅更是著迷，無論任何料理，都要用玉米餅夾著吃。而玉米餅的的樣貌由南而北稍有不同。偏南的國家如哥斯大黎加和尼加拉瓜，玉米餅普遍較厚，大約0.5到1公分。而越往北，玉米餅則越薄。

除了玉米餅外，中美洲許多流傳久遠的玉米料理，也深刻抓住當地人的胃。簡單的料理陪伴底層的人們度過艱困的時期；而在節慶時製作繁複耗時的料理，則是傳統家庭中凝聚家人的重要力量。另外，玉米漿因為製作簡單，價格便宜且提供高熱量，是一般民眾，特別是窮人最愛的飲料。如同馬雅諺語所云：「寧可笑著吃玉米漿，也不要哭著吃巧克力。」這是要人貧而樂道，別富而悲傷。

另外，愛家的中美洲人都會以媽媽烹煮的玉米粽為傲。總而言之，玉米在中美洲人的餐桌及文化傳承上，扮演著重要的角色。再者，馬雅神話盛傳造物主用玉米造人，也隱喻說明中美洲印第安人的命運如何跟玉米緊密相連。此外，米飯也是中美洲各國人民的日常糧食。米飯搭紅豆泥、煎大蕉，就是一般民眾豐富的一餐。

最後，在西方飲食，特別是美國速食文化大舉入侵之際，對於中美人而言，玉米不只是每日餐桌上的佳餚，更是文化傳承的重要載具。

玉米漿讓共同在中美洲這片土地生活的印第安人、麥士蒂索人、非裔黑人、白人等緊密的黏著在一起。所以，玉米是中美洲人的共同的語言。

第一節　風俗習慣

一、瓜地馬拉

　　1821年9月15日，瓜地馬拉擺脫了西班牙的殖民統治，並加入墨西哥帝國，但僅幾個月後，該帝國瓦解。1823年瓜國加入中美洲聯邦。1838年5月31日聯邦解體，瓜地馬拉成為獨立共和國。

　　瓜地馬拉領土面積10萬多平方公里，全國區分為22省，2/3是山地。首都是瓜地馬拉城，今天的瓜地馬拉城是1917年12月地震後重建的。瓜地馬拉人口1725萬，其中53%是印歐混血，44%是印第安人，其他是少數的白人。印歐混血人種大半是小資產階級、城市的商人和手工業者；印第安人大半是種植園中的雇農、林場工人、佃農和債務奴隸。在東部沿海香蕉種植園中，還有少數從加勒比海遷徙來的黑人。

　　瓜地馬拉地處中美洲地震帶中心，全國有30多座火山，破壞性地震經常發生。該國全境分成大小相等的兩個區域：一個是北部的低地區，屬熱帶、多雨區；另一則是較涼爽的高原區，此地住有83.3%的瓜地馬拉民眾。高原地區是一連串的火山地形，中間有許多肥沃的火山岩谷地，是瓜國咖啡主要生產地。

　　瓜地馬拉是中美洲國家中印第安人口比率最高的國家。印第安人在此創造了舉世聞名的馬雅文化，且至今他們還保留印第安人的風俗習慣。馬雅印第安人的民族服裝色彩豔麗。婦女通常穿條紋花布縫製的長褲，再配上鮮豔刺繡的短上衣。但花色、圖案和配置各不相同，每個村莊都有自己的特色。男子的服裝也頗具特色，如在奇奇卡斯特南戈，男人身穿黑色短上衣和長及膝蓋的黑褲，用寬寬的紅纓穗鑲邊，胸前和後背有紅色的繡花，腰繫一條紅色的布腰帶，看起來十分帥氣。而印歐混

血人種通常都穿歐式服裝。

　　玉米與馬雅文明有密切關係。在印第安人心目中，人是神靈創造的，而玉米又是神靈用以創造人類的基本物質。因此，馬雅的社會、生產和宗教活動都以種植、培育、收成玉米爲中心。他們辛勤地挖掘運河水渠，大力發展玉米種植，使許多教士有空從事宗教和科學研究。1967年，瓜地馬拉作家阿斯圖里亞斯（Miguel Angel Asturias）榮獲諾貝爾文學獎，其名著《玉米人》（Hombre de maíz）深刻描繪瓜地馬拉馬雅印第安人所遭受的悲慘命運。

　　風箏節是中美洲各國印第安人的傳統節日。每年的11月，所有印第安人的村莊都以放風箏來歡度節日。各地的印第安人都把放風箏作爲表達情懷的方式，但做法略有不同。居住在高原上的印第安人，把風箏當作悼念已故親人的祭品，他們最後將風箏收回燒掉，以表示對親人的懷念。在風箏節時，有些印第安男性群聚鄉村公墓的草坪上放飛風箏，表達對死者的哀思及對下一代的祝福；婦女們則在墓前獻上用鮮花和松柏製成的花圈。此外，風箏節也爲男女青年提供更多接觸與了解的機會，表達愛慕之情。

　　安地瓜歷史古城，是西班牙殖民時代政府的首都。在十六至十八世紀，曾經非常繁榮興盛，但在十八世紀末遭受大地震的嚴重破壞，古城區裡部分的歷史建築在崩塌後，成爲廢墟並保留至今。沿著石鋪道路兩旁盡是教堂、宅第建築，別具風情的街道，每年都吸引成千上萬的遊客。到安地瓜，一定要登上十字架山丘來俯瞰古城景致。安地瓜的聖周活動別具特色，當地民眾以各種顏色花瓣或染色的木屑爲材料，一一鋪飾成各式各樣的花紋圖案，有如五顏六色的鮮豔地毯，看起來就像其民俗工藝的多彩刺繡，非常壯觀美麗。此外，安地瓜及周邊村落仍保有濃厚的原住民文化色彩，像是編織品等原住民手工打造的玩統工藝或民俗藝品，在市區的紀念品店，經常可見且種類繁多。

二、宏都拉斯

1821年9月15日，宏都拉斯擺脫了西班牙的殖民統治，並加入墨西哥帝國，但僅幾個月後，該帝國瓦解。1823年宏國加入中美洲聯邦。1838年5月31日聯邦解體，宏國成為獨立共和國。宏都拉斯的人口約958萬，其中90%以上是印歐混血，土著約7%，黑人與白人各占2%及1%。宏國人口分布極不平均，大部分居民集中在加勒比海沿岸和西部高原河谷區，其餘大部分地區人口非常稀少。在宏國有94%的人民信仰天主教，其餘為基督教。官方語言為西班牙語，文盲率約27%，失業及半失業率各占15%及40%。

宏都拉斯人喜歡跳舞，舞會一般都延續好幾天，參加舞會的人都要穿上華麗的衣服。人們大都穿西裝，尤其在重要場合，穿西裝的人更多。印第安人在重大節日都穿自己的民族服裝。城市居民主要吃西餐，以稻米、玉米、豆類為主食。飲料是啤酒、可口可樂、咖啡和玉米釀成的飲料。水果以香蕉、芒果為大宗。宏都拉斯人的禮節與拉美各國相似，見面與道別都行握手與親吻禮。宏國有些印第安部落流行買賣與換妻的風俗，對買來或換來的妻子，可以再度將她進行交易。當地印第安男子一生可娶十幾個甚至更多的妻子。

隨著西班牙人的到來，至今仍隨處可見歐洲文化，特別是西班牙文化對宏國產生重大影響。在西班牙對宏國三百多年的統治時期，殖民地教堂逐漸取代印第安人的神殿。宏都拉斯的文化，包括繪畫、文學、音樂和舞蹈等也逐漸地被歐化。然而十九世紀末起，宏國慢慢擺脫西班牙文化的影響。同時，隨著加勒比海黑人移民的到來，非洲文化也開始影響宏國文化。總之，可以說傳統印第安文化、歐洲文化和非洲文化融匯成當今宏都拉斯文化的特色。

在眾多馬雅遺跡中，以充滿精美浮雕而出名的科潘遺跡，鄰近瓜地馬拉邊境。目前稱為科潘遺跡的地帶，是繁盛於馬雅古典時期，由科潘

王朝所建立的雄偉建築群。該遺跡於1830年發現，目前吸引許多國內外考古人士的研究與調查。科潘遺跡可以分為兩大區域，其一是城邦中心的主廣場，這裡遍布神殿建築群，以及石碑林立，南端則有球場所在的大廣場。另外是分布在城邦周邊的住宅遺跡群。

三、薩爾瓦多

　　1821年9月15日，薩爾瓦多擺脫了西班牙的殖民統治，並加入墨西哥帝國，但僅幾個月後，該帝國瓦解。1823年薩國加入中美洲聯邦。1838年5月31日聯邦解體，薩爾瓦多成為獨立共和國。薩爾瓦多人口642萬，人口密度之高在拉丁美洲僅次於海地，居第二位。居民中大多數是印歐混血占94%，印第安人及白人各占4%及1%，此外還有少數的黑人。

　　獨立後，薩爾瓦多曾長期由著名的「十四家族」為代表的土生白人大地主階級等寡頭集團主政。這個統治階級分為保守黨與自由黨兩派。1871年以前，主要由代表大地主和教會的保守黨當政。此後，具有自由思想和改良思想的自由黨開始長期執政。在爭奪政權問題上，兩黨之爭常常借助軍事政變解決問題，其結果往往是實行軍人統治。

　　中美洲薩爾瓦多等國的長期內戰，在某種意義上，早已成為冷戰期間美蘇兩國爭奪戰略優勢代理人之間的殊死戰。不過，經過多方長期努力，薩爾瓦多長達十二年的內戰終於在1992年1月16日簽訂和平協議，走向和平民主的進程。

　　與拉美大多數國家一樣，薩爾瓦多信仰天主教的家庭的聖誕節慶祝活動往往綿延二十多天。聖誕夜是整個節日慶祝活動的最高潮。這天晚上，從遠方回來的遊子和與父母分家立業的兒女們，都攜帶節日禮物回家與長者團聚。人們在教堂裡做過午夜彌撒儀式後，才回到家中，享受豐盛的節日晚餐。即使最窮的家庭，這一餐也要設法準備幾道全家愛好的佳餚，其中必不可少的是火雞肉。

　　聖誕節晚上孩子們常玩一種「砸鍋」遊戲。所謂鍋，就是做成某類動物或其他奇特東西的形狀，裡面由大人們事先裝入要送給孩子們的食品、玩具之類的物品，外表用彩紙糊上。身穿節日盛裝的孩子們先是懷著期待的心情圍著「鍋」跳舞。後來，孩子們蒙上眼睛，手提木棒去砸那懸吊著的「鍋」，每人砸三次。當「鍋」被砸破後，孩子們便高興地蜂擁而上，搶拾那掉下來的食物和玩具。此外，薩爾瓦多人見面和告別時，除了互相問候外，常行握手禮、親吻禮。被邀赴宴時，一般都要帶禮物。薩爾瓦多婦女不願別人問及她的年齡及丈夫的情況。

四、尼加拉瓜

　　1821年9月15日，尼加拉瓜擺脫了西班牙的殖民統治，並加入墨西哥帝國，但僅幾個月後，該帝國瓦解。1823年尼國加入中美洲聯邦。1838年5月31日聯邦解體，尼加拉瓜成為獨立共和國。在巴拿馬運河開鑿前，美國和英國就曾構想透過尼加拉瓜與哥斯大黎加的界河聖胡安河（Río San Juan）及尼加拉瓜湖建造溝通兩洋的運河，但並未實現。惟最近又開始提出建造的構想，但是遭到當地居民強大地阻撓。此外，為了平息格拉納達保守派人士及里昂自由派人士歷史上的爭端，尼國政府於1858年在兩城間建立了新都馬納瓜市。它位於馬那瓜湖西南隅的火山群中，是拉丁美洲最年輕的首都之一。

　　尼加拉瓜現有646萬人，其中印歐混血種人約占69%，白人為17%，黑人及黑白混血為9%，印第安人為5%。尼加拉瓜城市人口比率比其他中美洲國家高，約占54%以上。全國人口分布極不平均，西多東少。有3/4的人居住在靠太平洋這邊，主要是在湖泊周圍的肥沃平原及其相鄰的地狹和中部高原北部。西部地區的居民主要是白人及印歐混血人。白人是殖民者的家族和後代，1979年前他們多是上層大莊園主和工業或企業家，主要居住在城內。純種的印第安人在這個地區幾乎消失。而加勒比沿海低地居住著二十世紀早期移入的黑人。由於交通不

便，尼加拉瓜東部與西部兩地區居民往來較少。官方語言雖是西班牙語，但黑人一般都說英語。

　　尼加拉瓜是熱帶國家，白天氣溫相當高。平日，人們都喜歡穿細薄涼爽的棉織品服裝。城鎮中的男人多穿T恤衫或圓領衫。只有在極隆重的場合才穿繡花短袖衫「瓜亞貝拉」，穿西服的人較少。女人們都很注重打扮，貧富皆然，她們喜歡濃妝豔抹，戴著不同檔次的首飾。貧困人家的婦女大多在衣裙外再罩上一件自己縫製的綴著花邊的圍裙，這大概是常需工作的緣故。只有在節日或狂歡節時，人們才穿上民族服裝，並戴上各種複雜的頭飾和胸飾。

　　適婚年齡為男15歲，女14歲。法定選舉年齡為16歲。尼加拉瓜兒童夭折率較高，因此一般家庭都有5或6個以上的孩子。另外，尼加拉瓜人喜歡定居一地，不願意遠走他鄉。因此，小城鎮居民大多有親屬關係。尼加拉瓜雖是信仰自由的國家，但尼加拉瓜人絕大多數信仰羅馬天主教。

　　外來文化影響當地宗教節慶典，格拉納達每年舉行「小鬼節」，演奏的是西班牙和印第安的混合音樂。印第安人藉此節日展示其特有的手工藝品。8月1日，首都馬納瓜慶祝守護神「多明哥」日。一大早，人們穿上絢麗的民族服裝，手執各式幡旗將「多明哥」神像從教堂抬出，按特定路線遊行，慶祝的音樂及舞蹈都或多或少融合西班牙風格。

　　在許多方面，尼加拉瓜深受西班牙殖民的影響，但運動除外。在西班牙和大多數拉美國家，鬥牛和足球是很普遍的體育活動，但尼加拉瓜民眾卻更喜愛棒球。星期天和節慶時，棒球比賽是不可少的一項活動，它還常為喜慶及婚禮增添熱鬧氣氛。

五、哥斯大黎加

　　1821年9月15日，哥斯大黎加擺脫了西班牙的殖民統治，並加入墨西哥帝國，但僅幾個月後，該帝國瓦解。1823年哥國加入中美洲聯

邦。1838年5月31日聯邦解體，哥斯大黎加成為獨立共和國。哥國人口近500萬，領土面積雖小，但它是白種居民占優勢的國家，約占總人口的86%以上；印歐混血占6%；黑人占3%，多數居住在利蒙省；印第安人占2%，多數居住在山區；華人、華僑約占1%，多數居住在各城鎮。大約有2/3的哥國人民居住在中央高原地區，首都聖荷西（San José）也位在此區。哥國有93%的居民信仰天主教，文盲率在中美洲國家中最低。

1949年哥斯大黎加廢除軍隊，將軍營改為學校和博物館。此後歷屆政府都把發展教育放在重要地位，並將大量資金用於發展教育事業。此外，在中美洲國家中，哥斯大黎加比較重視公共福利和衛生保健事業，廣泛實行失業保險、養老金、住房津貼等制度。在政治體制方面，哥國現行憲法是1871年頒布，1949年修改。國會是一院制，任期四年，總統由普選產生，任期四年，不得連任。

哥斯大黎加是世界著名的生態旅遊區，它至今還保存了許多原始森林。森林裡有各種其他國家罕見的珍貴木材、奇花異草和飛禽走獸。政府十分重視保護自然環境和野生動植物，曾多次頒布法律，並建立了許多國家公園和自然保護區。

哥斯大黎加人性格樂觀，熱情好客。他們非常注重得體的稱謂，對成年男子稱先生，對已婚婦女稱夫人或太太，對未婚男女稱少爺、小姐。此外，他們也喜歡別人稱呼他們的學銜或職銜。此外，哥斯大黎加人喜愛和朋友聚會聊天，而且會主動邀請至家中作客。對哥國朋友的盛情邀請，不可因客氣或其他考慮而謝絕，那樣會引起主人的不悅。到哥國朋友家中作客，要穿著整齊並帶鮮花、蛋糕，好酒之類的東西送給主人，而且婦女要化妝。開車離開時，應先搖下車窗，而後輕輕揮手向主人告別。

哥斯大黎加人的禁忌與西班牙等歐美國家一樣。人們普遍忌諱「13」和「5」這兩個數字，但喜歡「3」和「7」，認為是吉利的數

字。哥斯大黎加還有部分居民忌諱菊花，認爲菊花是專作祭祀用的物品，因此不能送他人菊花。另外，有很多人認爲打破鏡子是失去好運的徵兆。

第二節　飲食文化

一、整體概況

　　中美洲的飲食融合墨西哥和加勒比海的烹調特色，但仍有其獨特風格。對瓜地馬拉及尼加拉瓜人，玉米薄餅是生活中的必需品。薩爾瓦多家常飲食玉米餅（pupusas），則拌入豆子、肉類和起司。而海鮮則明顯的刻劃出中美洲飲食的風貌，特別是哥斯大黎加等國。此外，香蕉是中美洲的主要物產，更是重要的食物，如烤芭蕉（maduros）以及炸香蕉（patacones），種類繁多。

　　此外，中美洲飲食最大的特點是，從原料的採用到烹調的手法，當地人始終堅持化繁爲簡，不加修飾的理念。一塊新鮮的烤牛肉，一根塗滿蜂蜜的烤香蕉和一碗綿軟的紅豆米飯，就成爲中美洲人豐盛的午餐。中美洲佳肴傳遞給食客的，除了美味，還有當地人樂天閒散的生活態度。廚師和服務生經常哼著歌、不急不徐地工作，他們不會因爲客人多而緊張，也不會因爲生意少而煩惱，更不會爲了節省成本而偷工減料。

　　由於曾經是古代馬雅人的聚居地，中美洲除廣泛食用玉米餅和紅豆泥外，蜥蜴肉也經常出現在當地普通家庭的餐桌上。此外，中美洲各國因經常下大雨，綠色蔬菜的種植和收獲非常少，且價格昂貴。除了牛肉和雞肉，價格低廉的洋蔥和胡蘿蔔是當地人的基本食材，而香蕉和奶酪也是中美洲人佐餐的重要食物。此外，氣溫也影響中美洲的飲食文化。尼加拉瓜地處平原，終年酷熱難耐，因此菜肴口味就相對簡單清淡些，且大多是蔬果等易消化的食物。而宏都拉斯境內多爲山地，氣溫涼爽，當地人在日常菜肴中喜歡使用鹽和辣椒等調味品。

　　到中美洲旅遊，無論到哪個國家，都能品嚐從大眾化庶民料理到充滿原住民文化的傳統美食；至於運用山珍海味烹調的在地鄉土佳餚，也值得一試。中美洲各國畜牧業發達，因此具有豐富美味的各式牛肉料理。牛肉左辣味香腸（Churrasco típico）是一道香氣四溢的牛排搭配烤過的臘味香腸及沙拉；番茄燉牛腱（Ropa vieja），將牛腱肉與番茄燉的軟爛的佳餚；烤牛蛋（牛睪丸）（Huevo de toro）；番茄燉牛舌（Lengua tomatada），將牛舌以番茄醬熬煮的料理；燉牛雜（Mondongo），這道料理在中美洲各國都吃得到，在許多國家也會煮成牛雜湯來品嚐。此外，雞肉料理也相當普遍，烤雞肉排（Pollo a la plancha）、烤雞（Pollo asado），或炸雞（Pollo frito）。

　　再者，因為中美洲各國都臨海，所以海鮮料理也不惶多讓。有各式各樣的魚及海鮮烹調，蒜蓉烤魚排（Corvina al ajo）、炸黃花魚（Corvina frita）、大蒜烤魚（Mojarra frita al ajo）；檸檬醃魚（Ceviche），以白肉魚與洋蔥、紅甜椒及香菜，淋上檸檬汁醃製，屬於沿海地區的料理；龍蝦料理，龍蝦來自加勒比海，可以整尾炭烤、燒炙或做成湯品；魚肉捲餅（Burrito de pescado），利用麵粉做成的餅皮包住白魚肉及蔬菜；煎鱒魚（Trucha a la plancha）。在湯品方面，蔬菜肉湯（Sancocho）是中美洲非常大眾化的湯品；黑湯（Chimole），加入辣椒等香料熬煮成的黑色湯品，是猶加敦半島的鄉土料理；海鮮椰奶湯（Tapada），將螃蟹、蝦等海鮮與香蕉、椰奶一起燉煮；辣味燉雞（Pepián），運用大量番茄與辛香料，與雞肉蔬菜耗時燉煮的臘味餐點；蔬菜燉雞（Jacón），將雞肉與各式各樣葉菜根莖類蔬菜一起燉煮，是一道風味濃厚的瓜地馬拉式燉雞。

　　此外，中美洲盛產稻米、玉米及豆子，因此也有許多相關特色料理。黑豆飯（Gallo pinto），是將黑豆與米飯一起炊煮的中美洲風味豆子飯，同時盤子中會擺上肉、蛋以及蔬菜；玉米餡餅（Pupusa），在玉米餅皮內加入絞肉、起司或豆子等內餡去煎的大眾化料理；

玉米粽（Tamal）；木薯炸豬皮（Yuca con chicharrón）；餡餅
（Empanada）；炸香蕉（Patacón），將大型不甜香蕉切塊油炸而成；
炸豬皮沙拉（Vigorón），將炸豬皮加上高麗菜絲而形成的沙拉，經常
可在路邊攤看到。另外，中美洲人酷愛啤酒，各國都有自己的品牌，瓜
地馬拉的Gallo、薩爾瓦多的Pilsner、宏都拉斯的Salva Vida、尼加拉瓜
的Victoria，以及哥斯大黎加的Imperial等。再者，中美洲各國均產品質
佳的咖啡，其美味的祕密就在於從咖啡樹的栽種、養成到手工採摘咖啡
豆、乾燥烘焙等環節，每道手續都非常講究。

　　在經歷數百年的自我演變和發展後，中美洲傳統飲食正面臨來自國
際連鎖快餐店的衝擊。漢堡、披薩和炸雞塊、可口可樂等快餐食品及飲
料在各國「攻城掠地」，快速贏得大批年輕消費者的喜愛。此外，傳統
的手工玉米餅也被機器大量生產所替代，這項曾被視為中美洲女孩子必
須學會的手藝，正面臨後繼無人的困境。

二、各國飲食文化

1. 瓜地馬拉

　　瓜地馬拉的飲食受到印第安原住民以及西班牙殖民深刻的影響。
因此，瓜地馬拉的飲食與墨西哥特別是墨西哥南部的飲食相似。瓜地馬
拉以玉米為主食，蕃茄也是必備的食材。辣椒因地而異，但沒有像墨西
哥用得那麼多。各類豆子，特別是紅豆或黑豆是瓜地馬拉民眾日常的食
物。此外，他們也用南瓜等種子，以及香草、香菜、茴香調味，而馬雅
部落在節慶的飲食也使用可可豆。

　　東北部的伊薩巴（Izabal）省的飲食受到非洲黑奴後裔的影響，
融入加勒比海的香蕉、椰奶、大蕉及海鮮。此外，歐裔及印歐混血的
瓜地馬拉人的餐桌禮儀主要承襲歐洲人。至於印第安人則因時因地制
宜，直接用手拿著玉米餅或玉米捲餅吃。2007年11月，瓜地馬拉政府
宣布，青醬牛肉或雞肉（jocón）、茄汁雞肉（pepián）、火雞肉湯

（kaqik）、巧克力醬香蕉（plátanos en mole），紅豆燉豬皮（frijoles con chicharrón）等五種食物為瓜地馬拉無形文化遺產。這些食物基本上融合了印第安、西班牙及阿拉伯的元素。最後，瓜地馬拉人自有品牌炸雞店Pollo Campero則打敗肯德基及麥當勞，稱霸瓜地馬拉，甚至是許多瓜地馬拉移民返回僑居地的最佳伴手禮。

2. 薩爾瓦多

　　薩爾瓦多人的飲食是西班牙人和印第安人的融合。城市居民主要吃西餐，主食是稻米、豆類、玉米、牛奶、水果等，普及城鄉的飲料是可口可樂、啤酒、咖啡等。在薩爾瓦多最流行的是涼飲（frescos），這是一種混合果汁、水、糖和汽水的飲料。薩爾瓦多製造的啤酒極受國內人民的喜愛，最受歡迎的品牌為pilsner。此外，薩爾瓦多的許多飲食都有玉米成分，其中玉米捲餅（pupusa）是當地著名的食物。它是由厚厚的玉米餅包著香腸、起司或是豆類一起品嘗的美食，素食玉米捲餅則包南瓜泥。另外，油炸木薯也是當地美食之一。

3. 宏都拉斯

　　宏都拉斯的飲食混合了印第安、西班牙、英國、亞洲、非洲等多種口味，形成了味重量足的特色。宏都拉斯飲食以玉米、米飯和豆泥為主，此外也會使用起司和奶油等乳製品、灌腸、麵粉、蛋、水果、蔬菜、肉、魚、海鮮等為食材。然而，因為貧窮，大部分宏都拉斯家庭很少食用肉、魚及海鮮。他們的飲食以玉米、米飯和豆泥為主。炸豬皮（chicharrón）是宏都拉斯的一種傳統食物。色澤金黃、口感香脆的炸豬皮配上木薯、玉米餅和檸檬，是宏都拉斯人餐桌上不可缺少的一道美食。飲料是啤酒、可口可樂和玉米釀成的飲料，而咖啡是三餐必備飲料。此外，宏都拉斯的水果品種較多，有香蕉、芒果等。

　　北部海岸地區，居民主要以煮香蕉（plátanos cocidos）、大蕉加椰子和其他材料做成的machuca以及薄的木薯麵包（casabe）。此外，在

美國果品公司大量種植香蕉時代，引進麵粉，改變當地人以玉米餅為主食的習慣，並使baleada成為當地最典型且最受歡迎的飲食。另一道美食為蜥蝪濃湯（consomé de garropo）。

至於中部地區則是南北飲食的融合。有北部的炸魚以及豬肉、牛肉和雞肉搭配米飯、沙拉或蔬菜、牛肚湯、紅豆泥、海鮮、玉米餅或玉米起司捲餅（pupusa），同時又有南部的海鮮湯、雞湯、玉米起司捲餅（quesadillas de maíz）、各種玉米粽等。此外，聖誕節及除夕會吃玉米粽（nacatamales）、豬腳、烤雞或烤火雞以及葡萄及蘋果。至於復活節則會準備曬乾魚湯。

在宏都拉斯南部地區盛產蝦，而且有香瓜、西瓜、鳳梨、芒果等水果及蔗糖。此外，南部也是畜牧區，因此有各式各樣乳製品，以及牛肉及豬肉。再者，以魚、蝦和蟹做成的海鮮湯（sopa marinera）是南部典型飲食。最近則流行烏龜蛋龍蝦海鮮湯（sopa levantamuertos），其他美食還包括家常老母雞湯（sopa de gallina casera）以及碳烤牛肉串。而西部地區的傳統飲食為烤乳豬（chanchito horneado）、硬麵包（pan duro）等。

4. 尼加拉瓜

尼加拉瓜的飲食融合西班牙、加勒比海地區黑人以及印第安人的飲食。尼加拉瓜的飲食在太平洋沿岸地區的飲食以水果和玉米為主，而加勒比海沿岸則以海鮮及椰子為主。玉米、各式豆子及稻米是尼加拉瓜民眾的基本糧食。另外，飲食中會搭配一些熱帶水果，同時在年節時偶爾會吃些肉類。西班牙殖民後，帶來各類家禽及牲畜、水果與蔬菜以及各式各樣美味的甜點。尼加拉瓜較著名的食物有紅豆泥（frijoles rojos），玉米粽（tamal pisque）、蒸肉（carne en vaho），炸樹薯、炸豬皮及高麗菜絲所組合而成的vigorón等。

此外，尼加拉瓜飲食也大量使用玉米，例如玉米餅、玉米粽（nacatatmal）、玉米餡餅（tuchilada）、玉米濃湯或玉米糊（mazamorra）等。同時，也喝玉米漿加糖、可可及肉桂調製的pinolillo飲料及玉米酒（chicha），並製成各式玉米糕點。另外，他們也使用香菜（cilantro）、奧勒岡葉以及胭脂樹（achiote）當作香料。而且，以紅豆和稻米烹煮的gallo pinto是尼加拉瓜最具代表的飲食。在加勒比海沿岸地區，gallo pinto可加入椰子油或椰漿烹煮。

5. 哥斯大黎加

　　哥國的主食仍是以米飯爲主，但當地的米是細長的品種，口感較硬。雖然以米作爲主食，但沒有發展出特別的稻米文化，日常料理不外乎白飯、炒飯。再者，哥國主要的大宗飲食是紅豆、香蕉、馬鈴薯、和洋蔥。通常用悶鍋加水煮成爛爛的紅豆泥加上鹽巴，淋在飯上當調味。至於香蕉則視品種不同料理，和臺灣的香蕉差不多的banana當做水果，可以直接生吃，或是拌沙拉吃；另外，外觀較大較長且生吃口感較澀較硬的plátano，通常以油炸或煎的方式料理，烹調後特別香甜，有點酸酸的，相當好吃。

　　至於馬鈴薯和洋蔥，是家家戶戶餐餐必備的食材，舉凡沙拉、炒飯、湯、甚至白飯有時也會拌著馬鈴薯下去煮。哥國的飲食也受印第安文化的影響，如各式各樣的玉米料理及加工品。法國麵包配上奶油或果醬以及熱咖啡是哥國的典型早餐。哥國主要美食有：以黑豆或紅豆和稻米烹煮成的gallo pinto是三餐的主食，而玉米餅（tortillas）也是主食之一。至於picadillo則是以牛肉及蔬菜搭配馬鈴薯、青豆仁、南瓜、佛手瓜等烹煮而成。

三、印第安人的飲食習慣與禁忌

1. 飲食習慣

　　中美洲古代印第安原住民存在各種飲食禮儀，這些禮儀與宗教及大自然有密切的關係。馬雅人實行男女分餐制，馬雅男性（丈夫和兒子）

在妻女、姊妹的侍候下用餐，妻女在陪侍用餐時還需背對著丈夫；等他們離開餐桌後，才輪到母親和女兒用餐。此外，當馬雅人親屬去世後，要爲他舉行洗罪儀式，把往生者的遺體放在長條狀木澡盆中洗淨。洗澡水是稀玉米熱湯。洗罷，親屬和家人一起分頭把熱湯喝光，象徵分擔死者的罪惡，使得死者的靈魂可以順利進入天堂。

在馬雅世界，食物在宗教儀式中扮演重要角色。馬雅祭司必須喝一種用樹皮與蜂蜜釀製的酒至微醺才能與神通靈。此外，馬雅人認爲萬物皆有靈魂，因此在食用動物的肉後會將動物的頭顱或骨架懸掛在家門口以示尊重。否則，這些犧牲的動物會通知其他動物，以阻礙獵人下次再捕捉到獵物。此外，除了是重要的食物來源外，馬雅人也使用玉米粒來卜卦。而且他們會在獨處的孩子身邊放一根玉米以防止小孩的靈魂被惡魔偷走。當馬雅人生病時，他們會在病人的床頭放五根玉米以驅逐惡魔。

2. 飲食禁忌

古代馬雅人已經認識食物的寒性與熱性，而且認爲這與疾病的治療和維持人體的健康有密切的關係。當一個人生病時，應食用肉、米、酸橙、木瓜、檸檬、水，以及其他以土坑燜煮等寒性食物。對於剛生產的婦女則提供熱性食物，例如：蜂蜜、咖啡等。至於橘子、木薯及甘薯等則被視爲半寒性食物。馬雅人的醬料主要以南瓜子爲原料。

中美洲古代印第安人在爐火旁，產生許多預言。如果小孩把腳擱在爐灶上，他們將會在戰爭中遭遇不幸，或無法逃脫而成爲俘虜。此外，如果有人用手直接從爐灶抓食物吃，會被警告，如果再犯，在戰爭將會不順遂，而且永遠無法捕獲戰俘，甚至可能淪爲俘虜。

古印第安馬雅人盛行赫滋梅克（Hetzmek）的古老儀式，這是首次托著嬰兒的臀部，讓嬰兒能立起來的儀式，與現代的受洗和青春儀式具有同樣的重要性。赫滋梅克儀式應該在女嬰三個月，男嬰四個月時舉

行。為何有三個月與四個月的不同？據說是因馬雅人爐火邊有三塊石頭，象徵婦女在家中的活動範圍；而種玉米的農田有四個邊角，象徵男子在田裡的活動範圍。這就是女三男四的意義。

馬雅孩子犯錯需被迫禁食三天並用尖銳物品刺痛肌肉，同時也迫使犯錯小孩吸聞燃燒後的辣椒氣味，以示訓誡。另外，馬雅的男孩與女孩婚前在部落中分開居住。女孩婚前偷看男人，眼睛會被塗辣椒以示懲罰。此外，馬雅人認為如果把柴火掉在地上，柴火如果繼續燃燒，那就表示把柴火掉下去的人一定長壽。最後，馬雅人是個迷信的民族。他們認為夢到紅色的花生，諭示著嬰兒的死亡。獵人如果販售打到的鹿頭、肝、或肚，就必定在日後遭到厄運。

第三章
西班牙殖民時期的發展
（1520-1821）

　　在西班牙人征服前夕，中美洲各地區的印第安文明，分布不均。在瓜地馬拉及薩爾瓦多高原地區，以及在尤加敦低地和宏都拉斯灣，有著眾多的印第安人。他們大都是馬雅部落，並臣服於影響力日增的墨西哥。但是在以南到尼加拉瓜湖的廣大地區，則深受南美及加勒比海文化的影響。

　　在西班牙殖民時期，中美洲沒有重要的政治團體，只有一些小型的部落聯盟，而且交通不便，因此不存在可以掌控全局的權力中心。中美洲的征服經歷近二十年的不斷征戰，以及征服者間的內部爭鬥。此外，西班牙王室的權力及天主教會勢力鞭長莫及，因此持續動亂不安。這造成西班牙征服者認為，中美洲非久居之地，只是他們往他處征服的基地。

　　到十六世紀末，中美洲殖民架構更加明確。而且，雖然遭受嚴重的人口危機，在瓜地馬拉、薩爾瓦多及尼加拉瓜西部某些區域，仍然有大量的印第安人的存在。因此，此地區仍是典型的殖民社會，像西班牙式的城鎮與村落、大莊園及大種植園。而且，印第安部落仍須納稅及承擔勞務。此外，在大部分的宏都拉斯地區及尼加拉瓜西北部，印第安人口則大量減少且相當分散。

　　十八世紀起，中美洲地區經濟復甦、社會變遷以及政治變革。但是卻遲至1730，甚至到一七五〇年代，才能明顯地感受到新情勢的變化。此結果，一方面是整體經濟形勢有利；另一方面則是，剛入主西班牙的波旁王朝在政治上革新的成果，不過復甦緩慢。

第一節　西班牙人的征服

一、早期原住民概況

在西班牙人征服的前夕，中美洲各地區的印第安文明，有著明顯的對比。在瓜地馬拉及薩爾瓦多高原地區，以及在尤加敦低地和宏都拉斯灣，密布印第安人。他們隸屬於美索美洲地區的文化，大都是馬雅部落，並臣服於影響力日增的墨西哥。但是在以南到尼加拉瓜湖及妮可雅（Nicoya）半島的廣大地區，則深受南美及加勒比海文化的影響。這裡的人口較少也比較分散，並以種植木薯等根莖作物為主，同時輔以打獵，捕魚及採集維生。此外，這個地區原住民的社會組織，雖然沒有像馬雅社會那麼複雜，但也具多樣性。

在西班牙征服時期非常活躍的墨西哥，在中美洲的影響持續好幾個世紀。當時，分布在薩爾瓦多及尼加拉瓜的皮皮勒斯人（pipiles）及尼加拉歐人（nicaraos），他們是從九世紀起，陸續且大規模的從墨西哥中部遷移過來。而在美索美洲的語言則呈現多樣性，混合納瓦斯（nahuas）以及馬雅語，以及來自南美洲不同印第安部落的語言。

從西元前1500年以來，以輪耕制度種植的玉米及各式各樣的辣椒、南瓜及豆子，成就了美索美洲燦爛的文明。在西班牙人到達前，因為必須面對來自瓜地馬拉高原不同馬雅王國發動的戰爭，中美洲的政治四分五裂。然而，社會階級非常分明，並有令人嘆為觀止的城市發展，但城市以祭祀而非商業中心為主。另外，他們有傑出的建築技術，以及令人驚嘆的天文知識。再者，當地的活人祭祀及眾多的神話傳說，更令乍到初來的西班牙人目瞪口呆。至於非常原始的農業耕種，則嚴格尊重人類與大自然的互惠共生。這些豐富的常識及老練的知識，讓中美洲地區，特別是讓薩爾瓦多及瓜地馬拉，能哺育廣大的群眾。

二、西班牙的探險與征服

　　哥倫布在第四次航行時，探險中美洲加勒比海沿岸，並在1502年於宏都拉斯灣，首次與當地高度的文明接觸。但是，除了零星的襲擊外，一直到1520年，西班牙才開始真正征服中美洲，此征服來自兩個方向。首先是，來自柯爾特斯（Hernán Cortés）所征服的墨西哥，以及巴拿馬。1513年，巴爾柏耳（Núñez de Balboa）穿越巴拿馬地峽，並發現了太平洋。不過，西班牙人的征服，帶來天花、肺炎、傷寒等致命性的疾病，由於印第安人沒有免疫力，因此大量死亡。

　　在西班牙殖民時期，中美洲沒有重要的政治團體，只有一些小型的部落聯盟；而且交通不便，因此沒有像阿茲特克及印加帝國，存在掌控全局的權力中心。中美洲的征服經歷近二十年的不斷征戰，以及征服者間為了取得權力的控制權及土地法律管轄權，內部嚴重爭鬥。此外，西班牙王室的權力及天主教會勢力的建立曠日廢時，因此延續此地的動亂與不安。所以，西班牙征服者認為中美洲非久居之地，而只是路過或往他處征服的基地。

　　1519年，佩德拉里亞斯・達維拉（Pedrarias Dávila）建立巴拿馬城，並從此地擴展至太平洋沿岸。1522年，聯合遠征隊抵達哥斯大黎加海岸，甚至到達尼加拉瓜，並在此處發現印第安人及黃金，而發現黃金是遠征軍繼續征服中美洲其他地區的重要誘因。1524年艾南德斯・柯多華（Hernández Córdoba）在尼加拉瓜建立里昂（León）及格拉那達（Granada）城，不過後來因兩城爭鬥，在同年發生嚴重內戰。最終，佩德拉里亞斯・達維拉派獲勝，並以巴爾柏耳於1517年曾在巴拿馬使用過的鐵血政策，斬首艾南德斯・柯多華。佩德拉里亞斯・達維拉長期擔任里昂省長，直到1531年於任內去世。

　　柯爾特斯在完成墨西哥的征服後，派遣兩支遠征軍前往宏都拉斯，但最後被迫親自率軍出征。雖然遭受佩德拉里亞斯・達維拉來自尼加拉

瓜的挑戰，柯爾特斯於1525年，建立特魯希約（Trujillo）及卡巴約港
（Puerto Caballo），確定對中美洲地區的控制。此外，柯爾特斯的另
一位軍官阿爾瓦拉多（Pedro Alvarado）進入瓜地馬拉高原。他趁印第
安部落間的混戰，於1524年征服印第安基切部落。阿爾瓦拉多持續往
南挺進，控制在薩爾瓦多的皮皮勒斯人，並長驅直入宏都拉斯。隨後，
在1524及1525年，分別建立瓜地馬拉城及聖薩爾瓦多城。至此，西班
牙在中美洲的征服大致完成，這有利於稍後幾年，西班牙王室官員的大
量出現，以解決管轄權的爭端。

三、殖民與政治運作

　　大約在1540年，西班牙軍隊完成從瓜地馬拉至目前哥斯大黎加西
北部的中央高地及太平洋沿岸的征服。此外，西班牙完成征服印加帝
國以及獲得祕魯蘊藏的豐富礦產，改變了中美洲發展的命運。1536至
1540年，因為加勒比海地區、宏都拉斯灣，以及尼加拉瓜、巴拿馬及
祕魯太平洋海岸地區需要大量的搬運貨物人力；因此，西班牙殖民者，
開始大量奴役當地印第安人。不過從1543年起，巴拿馬完全取代中美
洲，成為橫越地峽的交通要道，並以騾子駝運取代人力搬運。此外，雖
然殖民者曾在宏都拉斯及尼加拉瓜北部發現黃金，但榮景不長；而且，
這也導致殖民者大量壓榨印第安勞力，造成印第安人口銳減。大約在
1560年，雖然中美洲地區黃金枯竭，然而西班牙當局及教會的權力則
大幅擴充。

　　然而，西班牙殖民者的定居地侷限在中美洲中央高原或鄰近太平洋
海岸地區。因為這些地方氣候較涼爽，而且有大量比較溫順及容易管理
的印第安人。至於大西洋岸，雖然殖民者曾企圖長期占領，但因熱帶雨
林密布難以進入、氣候溼熱難耐、印第安人強悍，以及缺乏天然資源，
終究功虧一簣。雖然中美洲的港口有利其與西班牙母國的來往，但當時
人員與貨物的運輸量少且不穩定。這主要是因為路上交通困難且花費

高，以及1588年西班牙無敵艦隊被英國打敗後，加勒比海充斥海盜。

到了十六世紀下半葉，中美洲的政治組織趨於穩定。1548年在瓜地馬拉的聖地牙哥城設立檢審庭（Audiencia），並從1570年起，其管轄範圍，北起恰帕斯，南至哥斯大黎加。其首領也身兼省長，並隸屬於墨西哥的新西班牙總督區。但事實上，殖民地的行政都直接隸屬西班牙王室。因此，當時中美洲最高的行政組織是擁有相對自治權的「瓜地馬拉王國」。到十八世紀前，中美洲的行政區域變動甚小，若有更大的更動都是爲了呼應當地殖民著的需求。因此，政治及行政權傾向於劃分成許多中心。到十六世紀末，中美洲存在4個省、7個市及11個地方長官。這些組織位階相同，都隸屬於設在瓜地馬拉的檢審庭。

當時地方的利益主要由市議會（Cabildo）所代表，雖然選舉方式隨著時間不斷改變，從居民普選，到1591年則可以以金錢購買。這些市議會代表除了負責市政，他們也常與王室官員對立，要求修改不利當地的法律。不過這些議員，通常與貿易利益有緊密的關係，並大力維護大家族或在美洲出生白人（criollo）的權益。不過韋伯（Webre）的研究卻表示，十七世紀時，大部分瓜地馬拉市的議員都是剛到中美洲的西班牙人，且都與貿易有密切關聯。以地區利益爲優先的現象，一方面造成地區的分裂，同時也造成經濟特權集中在瓜地馬拉聖地牙哥城的檢審庭。

四、奴役與壓榨印第安人

此外，將皈依天主教的印第安人集中管理，以及實施《1542年新法》[1]（Leyes Nuevas），形塑十六世紀下半葉殖民地社會結構的基本樣貌。1550年，主教馬洛津（Marroquín）以及道明會修士在恰帕斯、瓜地馬拉及宏都拉斯，建立印第安人的管理專區。再者，1548至1555

---

[1] 《1542年新法》拒絕授予新的委託監護制，且規定在監護主去世後，應將監護權歸還王室。十八世紀初，開始一系列程序，最終完全取消委託監護制。

年間，精力充沛的檢審庭首長羅培茲德賽拉托（López de Cerrato），
成功將印第安人聚集在尼加拉瓜及薩爾瓦多。這些被聚集管理的印第安
人必向殖民者納稅，通常以貨品以及服勞役來替代。此外，這些印第安
人，每年必須定時協助採礦、在莊園工作、建築城市以及協助搬運貨
物。而這些管理者，必須支付印第安人薪水。不過，這些管理者因私人
利益，以及無止盡地剝削，造成人數日益減少的印第安人難以負荷。

　　向印第安人徵稅，成為當時瓜地馬拉王國經濟的核心。根據檢審
庭，這些印第安人每年必需呈繳可可豆、玉米、小麥、母雞、蜂蜜等一
定數量的物品。而王室會將一部份的物品分配給委託監護者。不過隨
著時間，這項稅收制度逐漸失去重要性。因為在1689年，整個瓜地馬
拉王國只有9萬3000多位印第安人納稅，其中3萬多人繳稅給委託監護
者，其他則只繳給王室或天主教會。一個世紀後，納稅的印第安人增加
為11萬多人，當時已經取消委託監護制。

　　殖民時期，因為殖民者從歐洲帶來的大量病菌、強徵印第安勞力、
印第安人生活條件差以及工作繁重，造成中美洲印第安人銳減。不過，
在瓜地馬拉高原大西洋岸，對維拉帕斯（Verapaz）的殖民，值得一
提。拉斯卡薩斯（Las Casas）神父於1537年獲得西班牙王室授權，讓
道明會神職人員前往當地傳教。此地因為印第安人比較強悍，被西班牙
殖民者稱為「戰爭之地」。在此處，印第安人不會被安置在莊園而是集
中在新的村落，而且道明會神職人可以完全避免西班牙殖民者的干預。
與當時西班牙殖民的剝削、暴力及恐怖統治比較，這項作法在初期十年
相當成功，也非常受到重視。但是，1547年後，情勢變得不單純。在
拉斯卡薩斯返回西班牙，而其他神職人員受到鄰近地區其他征服者的施
壓後，逐漸失去原先的動力。再者，特別是在佩騰（Petén），因當地
印第安人難以制服，因此神職人員只有透過軍隊協助，所以和平傳教的
試驗，宣告失敗。

　　從十六世紀下半葉起，西班牙人開始重視原先印第安人種植的可

可，並開使從薩爾瓦多地區成功出口至歐洲。起初，可可是印第安部落
繳交給委託監護主的賦稅替代品，後來因應出口需要，推廣至瓜地馬拉
至恰帕斯整個太平洋沿岸地區。1570年可可達到全盛時期，但隨後和
宏都拉斯的白銀出口，同步衰退。事實上，從1569年開始，因為缺乏
勞力、水銀供給困難、缺乏技術及工程師，宏都拉斯的銀礦開採遭遇諸
多困難。而且生產起伏不定，一直延續至十九世紀中。

　　在十六世紀下半葉，因為受到傳染病的打擊、工作及生存條件嚴
苛，印第安人口持續下跌。特別是尼加拉瓜及哥斯大黎加人口不足，因
此從十六世紀中期起，西班牙殖民者開始深入並定居在哥斯大黎加高原
地區。1564年，殖民者在哥國太平洋岸建立卡爾達哥（Cartago）城，
西班牙在中美洲的第一階段征服結束。然而，在隨後數世紀，熱帶叢林
密布的中美洲大西洋岸，仍相當荒蕪、危險以及與世隔絕。

第二節　十七世紀的蕭條

　　十六世紀末，中美洲殖民架構更加明確，且因為特性持續久遠，值
得分區來討論。雖然遭受嚴重的人口危機，在瓜地馬拉、薩爾瓦多及尼
加拉瓜西部某些區域，印第安人的存在仍相當明顯。因此，在這個地區
仍持續存在典型的殖民社會，包括西班牙式的城鎮與村落、大莊園及大
種植園。而印第安部落則仍須納稅及承擔勞務。

一、整體的發展

　　而在大部分的宏都拉斯地區及尼加拉瓜西北部，印第安人口大量
減少且相當分散。在此區，豐富的礦藏難以開採，因此大莊園畜牧業成
為西班牙殖民者，在這廣大且荒蕪人煙地區，唯一的替代方案。在此，
只有一些小市鎮，且不受西班牙貿易政策的管控。另外，薩爾瓦多與宏
都拉斯南部與尼加拉瓜北部的豐賽卡灣（Golfo de Fonseca），以及尼
加拉瓜西部地區與哥斯大黎加北部，因地理環境優越，有利徒步趕運牲

畜，且適合發展一些不需大量勞力的經濟活動。此地的大莊園畜牧主寄望由此地供應中美洲其他地區所需的畜產品，以及提供所需騾子來馱運中美洲盛產的香蕉。

到十七世紀中，中美洲的貨品大都經由巴拿馬轉運至西班牙。但是，後來因巴拿馬波多貝約港（Portobello）牲畜市集衰頹以及海盜猖獗，所以改出口至瓜地馬拉及薩爾瓦多，而往南則止步於哥斯大黎加中部谷地。因此，從豐賽卡灣到哥斯大黎加的尼可亞灣（Golfo de Nicoya）的運送牲畜走廊，成為當時中美洲生活的一部份。至於哥斯大黎加中央高地的殖民有其獨特方式，它地處偏遠、缺乏印第安勞力以及西班牙殖民者稀少，只能從事生活所需的農業種植。在哥國卡爾達哥城往南遠處，生活著好戰且難以制服的印第安人。雖然西班牙在整個十七世紀，多次試圖征服，但終歸失敗。在殖民時代，與其他中美國家比較，哥斯大黎加具有很不一樣的特質。

前面所談及的特性，在十六世紀末已存在，並在十七世紀的蕭條中加深。靛藍、可可及白銀產品短暫的出口繁榮，並沒有改變此地區的與世隔絕。中美洲大部分地區的生活無法大幅發展，且逐漸鄉村化。至於瓜地馬拉王國的經濟則因為是殖民統治中心，還與外界有所連結。其經濟主要是從事生活所需之生產，在印第安部落、莊園、不太發達且偏遠的小城鎮及村莊的生產，大多只能自給自足。後來出現地區市場，販賣牲畜、皮革及油脂。至於沿海生產的棉花則供應高原地區所需。最後，終於出現對外貿易。不過當時能出口的產品很少，但是必須大量進口開採銀礦所需的水銀、各種工具，甚至進口彌撒所需之紅酒及油。

二、瓜地馬拉的狀況

在十七世紀時，瓜地馬拉王國主要以印第安人的納稅來維持運作，其繳稅占整個稅收的70%。而印第安人大多以物品替代金錢繳稅，不過這些物品正好可以滿足城市所需：小麥、玉米、棉花、羊毛、可可、棉

紗等。官方公開拍賣這些物品，讓國庫有貨幣的收入，並以此支付薪水及其他官方支出，同時上繳給西班牙國王。另外，殖民者運用「分配商品」的方式，將棉花強迫分配給印第安人並要他們紡成棉紗上繳。其目的，一方面爲了確保棉紗、棉布等物品的生產，同時也強迫印第安人以貨幣交易，因爲當時印第安人盛行以物易物。這種制度盛行於瓜地馬拉高原，甚至傳到首都。

對於殖民者的過度壓榨與剝削，印第安人通常都以叛變回應。特別重要的是1712年發生在恰帕斯高地，聖達列斯（Zendales）的大叛變。此次叛變特別激烈，集合32個印第安村落並持續半年，以強烈抵抗來自瓜地馬拉及墨西哥塔帕斯科（Tabasco）的王室軍隊。官方以大規模處決以及強迫遷村的嚴厲手段，鎮壓叛亂的印第安部落。

1733年，瓜地馬拉王國才開始鑄造貨幣。此前，這個孤立的王國渴求貨幣。出口產品衰退的同時，也發生商品輸出遭遇困難。因爲從1640年起，西班牙海軍在加勒比海遭遇危機，以及初期的走私貿易尚未成熟，使得中美洲很難跟西班牙貿易往來。再者，因可可貿易衰退，中美洲與祕魯貿易變得更爲重要。對此，在整個十七世紀，西班牙王室曾多次禁止，但最後則有條件許可。中美洲販賣靛藍給祕魯織布商，以換取祕魯的紅酒及白銀。

三、天主教會的角色

殖民時期，天主教會是中美洲殖民社會的重要部門。它不只代表征服時將印第安人改信天主教的規模與成就，也是控制印第安人思想的工具。它掌握非常巨大的資源及財富。西班牙殖民時期，中美洲的天主教會，分成恰帕斯、瓜地馬拉、宏都拉斯及里昂等四個主教區。而道明會、方濟會等教派則負責位於邊境地帶印第安人村莊的傳教，同時負責管理許多學校、醫院及孤兒院。王室提供教會部分的稅收，同時非印第安人則需向其繳納什一稅。私人捐獻財務，是教會收入非常重要的一部

份。但是，教會會將部分資金貸給生產單位，因為它是當時主要的金融機構。

　　在此時期，宗教慈善團體及兄弟會在維持宗教禮儀及讓信徒參與宗教活動，扮演重要的角色。在各個社會組織及各教區，這些團體帶領信徒崇敬其守護神，並在印第安部落扮演非常特殊的角色。此外，他們的財富來自乞討或捐贈，並不受王室約制。這些宗教團體以這些財富來支付宗教禮儀活動、建造教堂或神殿，並主辦各式慶典。這時教士對殖民地日常生活的介入，與日俱增，且在整個十八世紀不斷遭受指控。此外，這些團體的經濟與社會重要性不斷增加，甚至成為殖民地宗教與文化生活的真正主導者。再者，其經濟影響力也不遑多讓，例如1774年，在包含薩爾瓦多的瓜地馬拉主教區，有122位神父以及近2000個宗教慈善團體及兄弟會，其資產高達30萬披索，以及五萬頭牛。

四、外國勢力的干擾

　　此時，西班牙在加勒比海勢力的衰退，對中美洲的生活產生深刻影響。首先，海盜船的攻擊與掠奪頻仍，特別發生在毫無防衛的海岸地帶。其次，海盜試圖在中美洲殖民定居，並持續從事高利潤的經濟活動。1624年起，英國在加勒比海開始殖民，並在1655年因占領牙買加而達到顛峰。一六三〇年代，荷蘭人入侵小安地列斯，但是很快地因為巴西東北部的更大吸引力而改弦易轍。至於法國則在1635年殖民瓜達路佩（Guadalupe）及馬丁尼加（Martinica）。歐洲其他列強入侵加勒比海，不只打破西班牙在此地的霸權與壟斷，並造成兩項根本的改變。首先，這些列強從原先的海盜騷擾與掠奪，轉變成走私貿易。其次，開始種植某些熱帶作物，這形成對殖民地新的剝削方式，當時在巴西已開始實施奴隸種植園制度。十六世紀末，加勒比海的樣貌已經和一個世紀前大不相同，此時西班牙的大帆船已經無法在此暢行無阻。此外，販賣黑奴達到顛峰，當時在加勒比海群島的黑奴總數超過10萬人，而到

十八世紀末更超過百萬人。加勒比海盛產的蔗糖征服了歐洲人，因此中美洲大西洋岸則逐漸變成無人問津之地。

在此時期，海盜仍持續騷擾中美洲大西洋與太平洋沿岸。1655年攻擊達維斯（Davis）、1660年洗劫宏都拉斯的汕埠，以及1670年攻擊在格拉納達附近的卡雅蒂約（Gallardillo），是幾起比較重大的事件。但是中央高地，則因大西洋岸的熱帶雨林所提供的極佳天然屏障，而相對高枕無憂。但是英國在加勒比海殖民，對西班牙在中美洲的霸權形成極大的威脅與挑戰。首先，英國人向面對尼加拉瓜的天主之島（Isla de Providencia）移民定居；接著在1633年占領感謝天主之角（Cabo Gracias a Dios）；最後則入侵尼加拉瓜的莫斯基提雅海岸（Mosquitía）。

雖然英國人在此的熱帶種植失敗，以及西班牙的強烈反抗，但是英國在中美洲加勒比海沿岸的活動持續超過兩個世紀。初期，英國人掠奪中美洲的貴重木材，接著是從事獲利很高的走私活動，但是西班牙殖民當局似乎難以控制。英國人先與當地印第安人結為盟友，後來又快速聯合非洲黑奴，一起反抗西班牙殖民當局。1643年，英國人摧毀特魯希約城，以報復西班牙當局先前將英國人驅逐出天主之島。1655年，英國人占領牙買加，並以此為基地，逐漸在中美洲加勒比海沿岸建立許多據點，作為產品出口的絕佳場所。

一六六〇年代，英國人砍伐貴重木材擴大到宏都拉斯灣的猶加敦半島海岸。在十八世紀，並從此地發展出對貝里斯的殖民。到十七世紀末，瓜地馬拉王國幾乎已經成為被頹敗的西班牙帝國遺忘的地區。此時，積弱不振的瓜地馬拉王國，還需對抗災害、疫情，甚至貧窮。一六八〇與一六九〇年代的缺乏糧食、以及1688年的大地震，幾乎讓瓜地馬拉王國奄奄一息。此外，在十七世紀末及十八世紀初，海盜的攻擊，以及來自莫斯基提雅島英國人的入侵，日益加劇。而1717年的大地震更讓形勢雪上加霜，瓜地馬拉王國首府的重要建築幾乎全毀。

第三節　光明的世紀

一、波旁王朝的改革

十八世紀初起，中美洲地區邁向經濟復甦、社會變遷以及政治變革。但是卻要等到1730，甚至到一七五〇年代，才能清楚地感受到這些新的情勢。此變化，一方面是因為整體經濟形勢、特別是對西班牙美洲殖民地有利；另外則是，剛入主西班牙的波旁王朝在政治上革新的成果。但是，各項指數顯示復甦緩慢。首先，人口持續成長，有來自西班牙及其他美洲地區的移民。其中，麥斯蒂索人及在美洲出生的西班牙人（criollos）獲得更多的揮灑空間，而在瓜地馬拉高原納稅的印第安人，人數也明顯成長。此外，中美洲生產及貿易顯著復甦，因為無法與西班牙直接貿易，只好透過走私與外界往來。再者，中美洲殖民地的行政及文化也都進行革新，啟蒙運動逐漸深入教育及城市。1739至1748年間，西班牙與英國爆發《赫金斯之耳》（Orejas de Jenkins）戰爭，此戰爭讓中美洲貿易擴張延後，而且驅逐耶穌會教士，也嚴重影響文化的進展。此外，雖然政治更迭，但是仍持續迫害支持啟蒙運動的人士。例如：1794年成立的「國家之友經濟協會」（Sociedad Económica de Amigos del País）在1799年被查禁；但是在1810年，因為西班牙自由派執政，而恢復運作。

到十八世紀末，瓜地馬拉王國的樣貌有很明顯的改變，並與100年前存在深刻的對比。瓜地馬拉首府在1773年大地震後，搬遷到目前的艾米塔谷地（Valle de la Ermita），但是仍然實際掌控中美洲的貿易與行政。從北到南，多元化的區域及各地似乎都已經臣服於首府瓜地馬拉市，因為該市壟斷貿易利益，而且是實力比往昔更強大的瓜地馬拉王國的首府。另外，雖然英國仍掌控貝里斯及莫斯基提雅島，其擴張領土的野心受到很大的限制，而西班牙在宏都拉斯灣的貿易則日益強大。靛藍的生產持續並日益繁榮，並在1790年達到巔峰。雖然接下來榮景不

再，但無法抹滅這時期的特殊盛況。此外，危機加劇了情勢複雜的中美洲地區的差異及矛盾。

　　十八世紀上半葉起，波旁王朝的政策往四個方向發展。第一、受益於在此地區發現豐富的礦脈，宏都拉斯的礦業得以重振；第二、重建海外貿易之路，並大力建設港口及道路等基礎建設；第三、推行新的財政政策。不但大幅修改稅務結構，同時將節餘的預算，再投資於防衛及基礎建設；第四、有系統且持續努力以驅逐在中美洲大西洋岸殖民及定居的英國人，同時瓦解他們在此地占優勢的貿易以及走私網絡。這意味西班牙殖民者以及私人貿易商及大地主獲得新的優勢，也顯示教會的強大影響力。此外，更強大的中央集權政府的思維，逐漸烙印到殖民官員及一般大眾的腦海中，使這些人更忠誠的爲波旁王朝服務。此外，重振礦業及1733年在瓜地馬拉設立鑄幣局，有利於中美洲與祕魯及新西班牙（墨西哥）進行貿易，同時減少依賴來自祕魯卡雅厄（El Callao）所鑄造的錢幣。

二、出口產品的變化

　　十八世紀中，靛藍生產達到新巔峰，這提供中美洲貿易擴張更穩定的基礎。宏都拉斯礦業生產再度面臨昔日的缺乏勞力、水銀供應不足及缺乏技術等問題。總之，除了初期比較容易開採的豐富礦脈外，開採成本越來越高，最後失去競爭力。此外，因爲接近大西洋岸，以及很難透過西班牙規定的路徑供給所需，導致走私盛行。

　　十七世紀中葉起，靛藍取代可可豆，成爲最主要的農業出口產品。靛藍種植在中美洲太平洋沿岸，從瓜地馬拉到哥斯大黎加的尼可亞半島，而最主要產區則集中在目前的薩爾瓦多共和國。靛藍染料主要供應祕魯織布廠的需求。進入十八世紀後，因爲工業革命，英國的紡織業取得領先。中美洲靛藍的生產掌握在少數人手中，其生產約占總收成的1/3。其他則由以家庭勞力生產的中小型業者。因爲高賦稅及運費，不

利於靛藍的生產。此外，靛藍的貿易只掌握在少數居住在瓜地馬拉的商人，而這些商人則預付幫忙收成靛藍的工人金錢或物品。因此，當靛藍的價格低於成本，這些生產的工人就摻雜其他物質以增加靛藍的重量，這造成商人與生產工人不斷的衝突。此外，還包含在1769、1773、1800及1805年時，發生嚴重蝗災。為此，1782年，殖民當局試圖介入並輔導成立靛藍生產者協會，官方貸款給此協會以利持續生產。然而事實上，只有大規模的生產業者，才有辦法享受此制度的益處。

　　隨著世紀的更迭，中美洲靛藍生產突然崩潰。由於需求大量增加，促使委內瑞拉、印度及荷屬安地列斯加入生產行列，這造成中美洲靛藍的生產在國際市場上，失去競爭力。隨然存在這些限制，直到十九世紀咖啡生產出現前，靛藍一直是中美洲最重要的出口產品。靛藍的生產在1760到1790年間達到巔峰，並深刻影響中美洲的生活，同時強化中美洲區域之間的連結及五國的團結。此外，靛藍生產達到高峰以及英國逐漸退出宏都拉斯灣也強化瓜地馬拉城商人的地位。

　　瓜地馬拉城商人的優勢不只是掌控對外貿易，而且將整個貿易網絡擴大到整個中美洲地區。例如：瓜地馬拉高原地區的印第安紡織、薩爾瓦多的靛藍、宏都拉斯的白銀，以及從豐賽卡灣至尼可亞半島的古老畜牧走廊，養殖牛與騾子。上述作為有助於拉近中美洲各區之間的關係。從1793年起，因為成立貿易領事館，這些商人的壟斷更加強化；但是這不利於想進口水銀、工具，以及想要進口家具、服飾、紅酒、醃漬橄欖等奢侈品的人士。商業資本支配了生產者及消費者，因此在1793年，聖薩爾瓦多的市長直言，瓜地馬拉的專制凌駕各省。而且這句話，不但不斷地被傳誦，也深刻影響中美洲獨立後的各種整合企圖。

　　此外，靛藍生產的巔峰，還帶來其他的影響。首先，在貿易的刺激下，它鞏固從瓜地馬拉南部到尼可亞半島整個太平洋岸的大莊園制度。靛藍生產及畜牧業相互競爭，而且在許多時候，它排擠生活必需物資的種植與生產。他們強化靛藍貿易，但也相對造成勞力短缺以及食品價格

高昂。在一七七〇年代，此地區麥斯蒂索工人不斷增加，並在一個世紀後達到巔峰，同時完全排擠印第安村落及其部落的財產制。在面對國際市場的未來、高利貸、瓜地馬拉及西班牙加地斯（Cádiz）商人的投機，以及殖民官僚的施壓，土生白人（criollo）莊園主開始思索將自己的利益與王室的利益脫鉤。他們與瓜地馬拉當局的衝突，日益深化。在瓜地馬拉，官僚、大貿易商以及教會持續以行政優勢及控制海外貿易之路，掌控及剝削印第安部落。

三、政治與經濟改革

　　十八世紀中美洲的變革與當時波旁王朝的改革，密不可分。中美洲殖民政府的改革，融合了重商主義以及中央極權主義。雖然西班牙宗主國改朝換代，但是特別注意提升國家的行政效率。然而，實施中央集權卻不利於許多私人利益，特別是許多中美洲古老大家族的利益，這些家族大多繼承早期征服及殖民所獲得的利益。新的波旁王朝從西班牙選派新的官員到美洲殖民地，以便讓殖民當局的控制更有效率，這也是在美洲殖民地新政成功的重要因素。至於在前朝掌握重要權力與利益的天主教會，此時也受到波旁王朝改革，以及世俗權力日增的重大影響。為了將延續近200年的殖民政府結構現代化，波旁王朝致力於改變中美洲行政管轄權的劃分，這嚴重影響中美洲地區早期享有的特權。波旁王朝改革的主要目的在捍衛王朝的執政以及在殖民地獲得更多的利益。

　　在經濟政策方面，波旁政府終結十七世紀英法荷所推動的重商主義，重新建立一個比前朝更原始的貿易主義。此時，王室仍壟斷殖民地的貿易，但在1756年前也允許特許公司進行貿易，並從1778年後推動洲際間的自由貿易。但這種所謂的自由貿易，實際上只是沒那麼強硬壟斷，以及為了更有效率地追求宗主國最大利益的權宜作法。此外，波旁王朝也試圖在西班牙本土推動製造業，以滿足美洲廣大殖民地市場的需求，但很快就失敗了。不過，十八世紀中加泰隆尼亞紡織業的擴張，卻

成功滿足美洲殖民市場的需要。

　　與拉不拉他河地區、墨西哥或古巴比較，波旁王朝的改革對中美洲的影響不大。事實上，在廣大的美洲殖民地，瓜地馬拉王國仍是王室的偏遠及化外之地。然而，從中美洲內部來看，其評價則大不相同。若與當時各省與瓜地馬拉王國的嚴重衝突，以及中美洲社會各階層間嚴重、痛苦及複雜的對立比較，波旁王朝的變革雖然不多，且推動經濟發展以失敗坐收，但其結果依然不是最糟。另外，財政重組也是波旁王朝重要的政策之一。1747年的稅務改革，強制將印第安部落納入商品交易的範疇；同時，印第安人納稅對國庫收入的重要性下降，從1694至1698年占整體的73%，到1771到1775年下降為占37%，以及到1805到1809年，下降為只占18%。

　　1758及1765年的菸酒專賣，以及將火藥製造從墨西哥遷移到瓜地馬拉，使得王室獲得新的收入。稅金提高以及更有效率的徵稅，也是波旁王朝財政改革的重點。1805至1809年，菸酒專賣稅以及不動產交易稅，提供80%的稅收，而一個世紀前，印第安人的納稅約占了同樣的比率。不過，這個重要的財稅收入結構的改變，並不意味著對印第安人的剝削有所減少。此外，稅務的改變，以及強迫印第安人使用貨幣，讓印第安人陷入貿易商的魔爪以及深受投機炒作之害。再者，從1776年起，印第安部落的基金改由市長管理。殖民當局認為實施財稅改革效果良好，並將新的收入用在防衛工程及基礎建設。與前朝不同，將中美洲徵收的稅轉交宗主國，並不是當時波旁王朝的優先政策。這筆重要收入讓中美洲執政當局，得以用來對抗在大西洋沿岸的英國，以及重建貿易運輸。

　　印第安人的動亂仍是其對抗殖民者剝削的傳統手段，而此次波旁王朝的改革衝擊，擴大印第安人的反抗頻率。主要的導火線來自殖民地官員對印第安人各式各樣的剝削，但也有一些動亂是為了反對稅務及徵稅方式的改變。在殖民末期，此類型的動亂此起彼落。1806年，市政府

命令加稅，但西班牙加地斯法院於1811年宣布取消。但是，費南多七世（Fernando VII）於1815年宣布恢復徵稅。此後，一直到1820年自由派革命重建憲法，才再度取消對印第安人徵稅。

四、外國勢力與貿易發展

　　雖然西班牙殖民者一直試圖徹底驅逐在貝里斯的英國人，但是行動失敗。但在1763年七年戰爭後的巴黎條約、1783年的巴黎和平協定，以及1786年的倫敦協議，英國被迫承認西班牙的主權。不過，英國也在這三個協議中，獲得在當地採木的許可權，並確認百年來英國在此地區的占領。此外，西班牙殖民者藉由1756年建立澳摩亞要塞，以及1780年再度殖民特魯希約，而重新掌控宏都拉斯灣。雖然1780年，英國人試圖掌控聖胡安河（río San Juan）的努力失敗，但西班牙殖民者也無法剷除英國在莫斯基提雅島的影響力。總之，雖然西班牙對抗英國的行動並沒有完全成功，但至少沒有讓英國併吞中美洲大西洋沿岸地區。另外，從貿易的觀點而言，1760至1790年間，走私下降，且西班牙戰艦經常在宏都拉斯灣巡弋。

　　1778年，波旁王朝頒布自由貿易命令，但似乎對瓜地馬拉王國沒帶來太多直接利益。貿易額沒有明顯增加，也沒有激勵措施以利長期的生產。此外，1785年頒布城市法，重組行政機構，成立聖薩爾瓦多、恰帕斯、宏都拉斯及尼加拉瓜（包含哥斯大黎加）等市政府。此舉明顯試圖藉由地方分權，以降低瓜地馬拉市的重要性，並承認日益上升的區域利益。但是，1793年成立瓜地馬拉貿易領事館，明顯增加首府瓜地馬拉市大貿易商的權力，大貿易商與西班牙加地斯商人的關係密切。

　　一七九〇年代，危機加速，且其影響持續好幾十年。一方面，西班牙在歐洲的戰爭多次戰敗，將大西洋的霸權拱手讓給英國海軍。另外，1808年拿破崙入侵西班牙，雖然西班牙最終於1814年戰勝法國軍隊，但王室積弱不振，預告之後拉美殖民地的紛紛獨立。1789年英西戰爭

之前，貿易持續緊縮，而且因為貿易航路不安全而更加惡化。此外，產品品質下降、其他產區的競爭、再次發生蝗蟲災害，以及王室勢力衰頹，導致爆發靛藍貿易危機。

　　在1780至1800年間，軍費支出超過瓜地馬拉王國的財政收入；而且在1805到1809年間，情勢更加惡化。財政枯竭的瓜地馬拉王國越來越無法管控各省與瓜地馬拉之間嚴重的衝突。此外，1797年因貿易衰竭，迫使當局允許各地與中立國貿易，並對日益猖獗的走私情況，視而不見。此後，因為戰爭持續及王室危機，貝里斯扮演更重要的角色。

五、經濟不振與王朝衰頹

　　此外，在十九世紀前二十年，經濟不振及王室衰落情況變得不可逆轉。而且明顯缺乏解決辦法，這反映在代表各省利益土生白人菁英的態度上。由於害怕拉美獨立，而且在1810年墨西哥和南美洲曾全力反抗西班牙統治，導致西班牙王室於1812年頒布近乎烏托邦主義的加地斯新憲法。在自由原則下，西班牙宗主國和殖民地間，曾形成新的聯盟，但非常短暫。因為，1814年西班牙重建君主專制制度，不只自由主義的夢想快速破滅，中美洲自由派人士也被逮捕入獄或受到迫害。最後，爆發獨立戰爭，但是戰爭的爆發主要受到外部力量的影響。1821年，墨西哥的伊圖爾畢德（Agustín Iturbide）在擊敗發起獨立運動的反叛軍後，邀請中美洲當局加入伊瓜拉計畫（plan de Iguala），該計畫主張：獨立、信奉天主教、墨西哥及西班牙人團結在君主立憲制下。因此，1821年9月15日，在政治上，中美洲完成了由上而下的革命。

　　事實上在獨立運動前，殖民地的官僚體系已經幾乎不具意義，而且瓜地馬拉與加地斯間的貿易也幾乎無法運作。此時，居住在瓜地馬拉城的貿易領事館的富商則持續高舉自由貿易的旗幟。其道理很簡單，因為從1818年起，他們已經將貿易對象轉向在貝里斯的英國商人。艾辛磊納家族（La familia Aycinena）結合半島人和土生白人的經濟利益與家

族關係，建立往後中美洲大家族，牢不可破地掌控貿易的典範。1821年，令人憎恨的壟斷貿易的瓦解，仍然是中美洲各國必須面對的根本問題。此外，還包含殖民勢力的瓦解，以及城市與地區的對立等老問題。例如尼加拉瓜的格拉納達與里昂城、宏都拉斯的特古希加帕與柯馬雅瓜城（Comayagua）、哥斯大黎加的聖荷西與卡爾達哥城，以及瓜地馬拉的瓜地馬拉城與喀查特南哥城（Quezaltenango）間的對立與衝突。

　　十九世紀初，中美洲國家獨立，而且大部分國家擺脫殖民時代的貿易限制與障礙，並相繼和美國及西歐建立外貿關係。然而，這些國家在獨立初期進步有限。大多數農村的貧窮及不識字人民生活也沒有獲得改善。此外，獨立後，土生白人取代半島人，成為當地掌控政治、經濟及社會的新興階級，而殖民時期受壓派的印歐混血、印第安人及黑人，不但無法了解獨立運動的意義，而且社會地位沒有改變，仍然是受壓迫的階級。再者，中美洲的這場革命並不徹底，它沒有從根本上動搖封建土地所有制。在獨立後，雖然西班牙的殖民地統治已經結束，但英、美等新殖民主義者卻接踵而來。

第四章

十九世紀的獨立運動與國家建立

　　十九世紀中，中美洲以及整體拉丁美洲的獨立運動，受到諸多內外因素的影響。在外部因素方面包括，啓蒙運動的影響；來自英國、法國、荷蘭及葡萄牙的挑戰；1776年，英國在北美殖民地的獨立；法國大革命及提倡人權；法國拿破崙入侵西班牙，迫使卡洛斯四世及其兒子費南多將王位讓給拿破崙的哥哥波納帕特（José Bonaparte）；最後則是西班牙王室勢力衰弱。至於內部因素則有，在拉丁美洲半島人與土生白人的爭鬥；宗教法庭對拉丁美洲人民思想與信仰的審查與裁判；1776年，驅逐耶穌會教士以及革命思想的傳播；以及米蘭達（Francisco Miranda）等革命先驅的努力與奔走。

　　整個獨立運動是於1790年從海地開始，至1810年，獨立戰爭的火焰蔓延到整個拉丁美洲大陸。這一系列的獨立革命不是偶然的事件，而是中美洲人民經過長期的醞釀形成的。其革命的主要目的在於推翻西班牙的殖民統治，完成民族獨立的任務。再者，革命就其性質而言，是緊接美國和法國革命之後一連串資產階級革命的一部份，但因具體條件不同，和美、法的革命不完全一樣。美、法的革命是由資產階級領導，具有明顯的資產階級革命的性質。但在拉丁美洲，因受西班牙的封建專制統治，工業不發達，資產階級勢力軟弱，而且真正的工人階級還沒出現。地主階級土生白人（criollo）中主張分離主義者，在革命中扮演重要角色。但是這場革命並不徹底，並沒有從根本上動搖封建土地所有制。各國獨立後，西班牙的殖民統治雖已結束，但英、美等新殖民主義卻接踵而來。此外，拉丁美洲革命，其所涉及的地區、人口和時間而言，都比美、法等國的革命廣泛，前後持續四十年之久。就人口而言，被革命波及的達二千多萬。

　　儘管中美洲乃至整個拉丁美洲的獨立運動有種種局限性和不徹底性，但這場革命仍取得了不可抹殺的成就。首先，經過這場獨立革命，拉美國家先後摧毀西、葡、法等國的殖民統治，實現了民族獨立；絕大多數國家取消了君主制，確立了共和政體；許多拉美國家在獨立運動期間或獨立後，取消了宗教裁判所，限制了教會特權，有的國家還實現了政教分離；取消了貴族爵位和某些封建特權；取消了部分農民的封建縣役，有些國家貧苦農民還獲得土地；不少國家全部或局部地廢除了奴隸制度；在經濟上，取消了貿易壟斷，實施自由貿易；一些國家開始模仿資本主義式的農場經營方法，農業資本主義的因素開始增長。總而言之，獨立運動為拉美乃至中美洲資本主義的發展提共有利的條件。

　　中美洲國家在獨立後，曾短暫併入墨西哥帝國，但隨著帝國瓦解，中美洲國家先後成立中美洲聯合省（Provincias Unidas de Centroamérica）以及中美洲聯邦（Federación Centroamericana）。1838年，各國先後退出，中美洲邦聯宣告瓦解。之後，成立瓜地馬拉、薩爾瓦多、宏都拉斯、尼加拉瓜及哥斯大黎加等五個獨立的共和國。此後，中美洲各國雖然多次，或以武力、或用和平方式，試圖將中美洲整合，但終歸失敗。

第一節　中美洲聯邦瓦解

　　中美洲在獨立後，曾在1822年1月，短暫併入墨西哥帝國。但存在諸多問題，除了墨西哥帝國本身遙遠以及問題叢生，還包括區域利益很難調和。其中，喀察特南哥、德古西加帕，以及哥斯大黎加冀望有更多的自治權，並害怕重演殖民時期，區域弱勢而中央獨大的局面。至於，薩爾瓦多則毫不掩飾其主張共和主義的想法。幾乎所有人都期待併入墨西哥帝國可以解決無止境的行政衝突，以及延宕多時的經濟不振。但是在1822年這一整年，證實這純粹只是一場幻想。

一、短暫併入墨西哥帝國

　　當時，墨西哥帝國國王伊圖爾畢德（Iturbide）指派不具政治才能的菲力索拉（Vicente Filísola）率領600名軍人紮營在瓜地馬拉城，負責維持當地的秩序與和平。但是，很快地，這些墨西哥人被看穿只是很平庸的入侵者。1821年12月起，從未接受併入帝國的薩爾瓦多共和派人士，積極尋求中美洲其他各省的協助。雖然未立刻獲得回應，薩爾瓦多共和派人士表明想要獨立，甚至在1822年12月，宣布希望成為美國的一州。但是，1823年2月，墨西哥軍隊擊敗薩爾瓦多共和派人士，不過墨西哥的勝利很短暫。在那幾天，六個月前才宣布擔任國王的伊圖爾畢德，被墨西哥叛變的將軍推翻，內戰蔓延至墨西哥各地。而當時在瓜地馬拉城的菲力索拉則更站不住腳。墨西哥承諾的援助一直未到，軍事支出都由瓜地馬拉政府負責。1823年3月29日，菲力索拉決定召開會議，以決定中美洲是否繼續併入墨西哥。

　　1823年7月1日，在瓜地馬拉城召開的代表大會，宣布中美洲完全獨立，並成立制憲議會。一個月後，菲力索拉撤退在瓜地馬拉的墨西哥軍隊，並在回程中確認恰帕斯完全脫離瓜地馬拉王國，併入墨西哥。同時，比較晚才加入代表大會的哥斯大黎加、尼加拉瓜及宏都拉斯代表，批准1823年7月1日獨立聲明。這時，短暫加入墨西哥帝國的插曲就此結束，中美洲人這時候才開始覺得是自己命運的主人。這雖然不是所有中美洲人的看法，但至少是1823年各國代表宣布中美洲聯合省是自由且獨立的主權國家，不隸屬於西班牙、墨西哥及其他任何強權時的心情寫照。這些堅持反映在制憲大會代表於1824年11月22日通過新憲的內容中。在「上帝、團結及自由」（Dios, Unión y Libertad）的口號下，制憲代表將中美洲定位為聯邦體制，新的共和國正式國名為「中美洲聯邦」，包括：瓜地馬拉、薩爾瓦多、宏都拉斯、尼加拉瓜及哥斯大黎加。

二、中美洲聯邦面臨的問題

　　中美洲聯邦憲法深受美國憲法、1812年加地斯新憲法以及十八世紀啟蒙運動思想的影響。但是，中美洲古老的社會狀態適合這件嶄新的華服嗎？一方面，有一些基本的事實，使得中美洲不適合實施聯邦主義。例如，各國的孤立與隔離、區域間缺乏連結，以及深刻影響實施聯邦議員比例代表制的人口分布失衡問題。到1824年，中美洲只有約100萬的人口，其中50%居住在瓜地馬拉。1825年4月建立的第一屆聯邦議會，瓜地馬拉占18位議員、薩爾瓦多9位、宏都拉斯及尼加拉瓜各6位，而哥斯大黎加則只有2位。另一方面，中美洲經濟結構薄弱、缺乏能創造利潤的出口產品，以及未來缺乏新的替代方案。此外，長期以來，各省對瓜地馬拉所累積的怨恨與不滿，也一直都沒有克服。最後，隨著西班牙勢力撤退，英國的影響力日增。英國再次掌控中美洲是基於貿易及跨洋運河的戰略需要，但是這挑起中美洲各國間更大的衝突。

1. 社會問題與國家失衡

　　獨立後，中美洲社會的樣貌幾乎沒有改變。印歐混血人種的參與變多、結束奴隸制度以及推動自由貿易，算是幾項比較新的改變。但是初期，這些對印第安部落以及居住在莊園及城鎮附近貧窮的印歐混血人種影響不大。甚至對居住在荒蕪內陸的地主及畜牧業主，也沒有太大影響。此外，在各國想要自治及聯邦政府間，存在無法解決的矛盾。此矛盾在1823至1824年間，更是顯露無遺。

　　五個國家間的失衡，迫使需要調整領土。因此，1823年11月，將松索納特（Sonsonate）市併入薩爾瓦多；在1824年7月則將尼可亞市併入哥斯大黎加。然而，瓜地馬拉高地的問題則更加棘手。在瓜地馬拉高原地區的喀查特南哥等地區，擁有129個村落，人口多達20萬。這樣的規模及資源，足以成立中美洲聯邦的第六個國家。因此，在1823年一整年都在討論此問題，然而瓜地馬拉及喀查特南哥，則基於本身利益而反對此建議。而且，若新增一個國家，很明顯的將會完全改變中美洲聯

邦各國間，社會政治實力的消長。因為這些不確定性，造成自由派及保守派推延通過憲法。雖然最後在1838年簽屬新憲法，但聯邦已經幾乎奄奄一息，最後並造成各國的獨立。

　　此外，成立新的主教區，是另一個爭論點，因為它除了牽涉到宗教問題，還包含自治權的承認。1822年，面對瓜地馬拉的反對，薩爾瓦多則選擇成立自己的主教區。最後出任新教區主教的德爾卡多神父（Matías Delgado）是共和派人士，並主張中美洲統一。雖然教廷反對類似做法，而且一直到1842年才解決此問題，但是這卻真實反映出，各國冀望能更獨立自主地行使主權。在哥斯大黎加，想要成立主教區的企圖，遭受來自尼加拉瓜里昂當局的反對而作罷。1823年，哥斯大黎加政府與格拉納達及里昂城協商貿易及領土問題，這是哥國政府毫不掩飾，希望能完全行使國家主權的企圖。

2. 自由派與保守派的競爭

　　中美洲聯邦的歷史短暫且動盪。第一屆國會於1825年開議，並推舉薩爾瓦多的自由派人士亞瑟（Manuel José Arce）為總統。很快地，亞瑟就和國會衝突，國會與瓜地馬拉保守派結盟，並將政府交給這些保守派人士管理。在1821至1825年間，雙方的不滿與衝突相對平和，但後來則越演越烈。另外，瓜地馬拉保守派人士與教會結盟，並在面對自由派的激烈改革時，感到惴惴不安。而自由派人士則認為，保守派人士只是試圖踐踏憲法，以重建瓜地馬拉的霸權。1829年，在宏都拉斯莫拉桑（Francisco Morazán）將軍帶領下，自由派獲勝，結束雙方的爭鬥。此時，整個中美洲的情勢非常黯淡，災難、破壞以及經濟不振相互交織。

　　1825年，亞瑟曾經與倫敦的銀行協商，爭取對聯邦政府貸款，在總額500萬披索中，只有30多萬進入國庫，並於隨後用在戰爭的支出。衝突的另一個後果就是債務高築，這促成英國領事查特費德（Chatfield）威脅聯邦政府支付利息，以及占領中美洲大西洋岸的領

土。因此，由瓜地馬拉天主教會及大貿易商組成的保守派，誓言團結抵抗任何激烈改變現狀的企圖。事實上，在戰爭的那幾年，各國已經獨力承擔財政及法律問題。

在軍事上獲勝的自由派人士，於1829年再度召開國會，並決定積極行事。他們驅逐瓜地馬拉的大主教、沒收教會財產並追捕保守派人士。1830年，莫拉桑當選總統並建議恢復聯邦政府的實際權力。但是，在財政匱乏及憲法模糊不清的情況下，如何恢復呢？事實上，聯邦政府只能不斷增加各地區的賦稅來因應。1835年曾提出許多憲法修正，但最後都無法實施。1838年，當國會決定由聯邦政府控制關稅時，就造成聯邦的解體。尼加拉瓜，之後哥斯大黎加及宏都拉斯決定脫離聯邦。

不過，在1831至1838擔任瓜地馬拉首領的賈維斯（Mariano Gálvez）曾試圖實施宏大的自由派改革方案，聚焦在自由貿易、推動出口以及保護紡織工業、信仰自由、普及教育、司法革新以及移民計畫等。但是，這些作為立刻造成與印第安部落的衝突，以及和天主教會不斷地磨擦。另外，還加上自由派陣營內部的分歧以及莫拉桑總統在追求實際提高聯邦政府權力時，本身所遭遇的困境。

3. 各項改革

一八三〇年代初期，靛藍和胭脂蟲的出口復甦以及保護紡織業，得以重建昔日國內繁榮的織布業，但是受到來自英國進口的嚴厲挑戰。因為缺乏現金、高利率加上大幅債務以及一八三四年代允許在佩騰、維拉帕斯（Verapaz）、奇基穆拉（Chiquimula）以及在托多尼卡邦（Totonicapán）等地屯墾，此繁榮只是過眼雲煙。不過，屯墾計畫馬上遭受奇基穆拉印第安部落的強烈反抗，他們在1835年底揭竿起義，反對外國人的情緒日益升高。

至於信仰自由，則遭到天主教會的強烈反對。此外，因學校及醫院，無法順利執行，政府一直無法落實戶口登記的政策。在司法部分，

實施1826年李文斯東（Edward Livingston）為美國路易斯安那州所撰寫的法律，是最重要的革新措施。但是，建立司法判決制度（薩爾瓦多在1832年，尼加拉瓜及瓜地馬拉在1835年建立），在大部分人口是文盲以及受天主教思想控制的中美洲社會，只是一種不切實際的想法。而且，這些法律被視為深受外國影響及反教會勢力的產物。

在所有措施中，加重賦稅引起最多的抗議。1811年，取消印第安稅，之後又再度實施，但最後則因中美洲獨立而再次取消。1831年，賈維斯執政時則再度實施印第安稅。此外，從事農業及手工藝的麥斯第索人須負擔沉重的直接稅，而什一稅則在1832年由土地稅取代，每匹馬力範圍的土地須繳4個雷亞爾（reales）。另外，1836年政府發布命令，整合所有的稅目，這造成1837年爆發由卡瑞拉（Rafael Carrera）所領導的印第安人的全面暴動，而事實上在之前已經多次出現這些跡象。1832至1833年，薩爾瓦多曾受到聖文森特（San Vicente）以及特湖特拉（Tejutla）地區印第安人暴動的影響，而且宏都拉斯及尼加拉瓜也發生類似事件。整體而言，自由派的措施無法保障任何狀況立即好轉。此外，還包括，最近的破壞、強制勞務以及普遍的失序現象。

4. 權力鬥爭

1834年，國會再度推舉莫拉桑為總統。他將聯邦首府遷移到聖薩爾瓦多，但聯邦的命運卻與在瓜地馬拉發生的事情息息相關。1837年初，爆發可怕的流行性霍亂，特別嚴重影響人口稠密的瓜地馬拉高原地區。政府積極建立衛生防線，並採取多項預防措施。但是，村落的神職人員宣稱這是上帝對人類的懲罰，並謠傳政府官員在飲用水中下毒。高原上眾多的麥斯第索人及印第安人相當驚恐，並以暴力反抗。有兩項因素，使得暴動不只侷限在單純的農民。首先，曾經是養豬倌的卡瑞拉在米塔山區指揮一群游擊隊，勇敢作戰。其次，在政治上，天主教會及保守派人士成功控制並引導起義運動。

　　1837年底賈維斯下臺，此後至1840年三月，卡瑞拉推翻莫拉桑，這段時間是中美洲史上最混亂與複雜的時期。1838年，在面對各國分離主義、英國的威脅，以及宏都拉斯、尼加拉瓜及瓜地馬拉保守派的反抗，中美洲聯邦政府已經奄奄一息。1839年2月，當莫拉桑任期結束時，由於國會已經解散，因此沒有任何正式單位可以提名繼承者。2月之後到年底，各方勢力集結，並於1840年3月爆發衝突。事實上，從1839年2月起，中美洲聯邦幾乎已經成為歷史。1842年，莫拉桑企圖重返中美洲，持續為中美洲整合而戰。但是，他的努力最後以悲劇收場。1842年9月15日，他在哥斯大黎加的聖荷西遭到槍決。

三、聯邦瓦解與自由派改革

　　中美洲聯邦的瓦解以及自由派的初步作為，對中美洲有深刻且長遠的影響。賈維斯在瓜地馬拉推出的宏偉計畫，曾企圖結束殖民社會的三種基本特性：1.天主教會在政治、經濟及思想上的影響；2.將中美洲區分為印第安共和國及西班牙共和國的做法；以及3.中美洲的孤立以及無法有效融入國際市場的現象。十九世紀中，卡瑞拉勝出以及保守派的重建，使中美洲的未來面臨風險。然而，一八七○年代自由派的浪潮，卻成功處理與天主教會的關係以及融入國際市場；而且，新的自由派人士採取務實作法，擱置印第安部落的問題。

1. 各國情況

　　在瓜地馬拉以外的中美洲其他地區，自由派推動的計畫較溫和，雖然也造成嚴重的對立。但是，衝突大多是為了維護地區本身的利益。在宏都拉斯，德古西加帕與柯馬雅瓜之間的衝突，幾乎造成宏都拉斯分裂為兩個國家。但是在1823年，當雙方同意每年輪流成為宏國首都時，終於暫時化解衝突。不過隨後幾年，情勢變得複雜與不平靜。最後在一八三○年代，採取延續至十九世紀末的權宜之計，即首都設在科馬雅瓜，而行政單位則常設在德古西加帕。此城因人口日增及經濟活動頻

繁，而日益重要。在尼加拉瓜，地區的衝突則更嚴重。因此，當自由派在里昂生根，保守派則掌控了格拉納達。雙方爭鬥多年，讓尼加拉瓜陷於無政府的狀態。後來，莫拉桑指派艾雷拉（Dionisio Herrera）到尼加拉瓜，使得尼國在1830年至1833年間，獲得暫時的和平，也讓自由派的勢力得以鞏固，並具體落實在1838年的憲法中。但荒謬的是，這批通過1838年新憲法的自由派人士，也同時投票贊成尼加拉瓜脫離中美洲聯邦，這讓瓜地馬拉及薩爾瓦多自由派人士相當錯愕。

　　另外，位在中美洲地峽南部的哥斯大黎加，其發展則與眾不同。由於人口稀少，在1800年約只有5萬人以及孤立於中美洲其他國家之外，因此殖民的影響不深且只侷限在一些小農地主，他們種植維持生活的作物並渴望獨立。在殖民末期，哥斯大黎加的菸草出口曾極盛一時，但對現狀沒有太大的改變，不過卻對農人及商人提供很寶貴的經驗。在一八三○年代，這些經驗有助於對英國出口咖啡。值得慶幸的是，因為地處偏僻，哥斯大黎加得以免除聯邦時期任何衝突的影響。1835至1842擔任總統的卡立約（Braulio Carrillo），為新國家的制度建立基礎，並在隨後幾年逐步落實。在哥斯大黎加，自由派與保守派的分野，沒有像其他中美洲國家明顯。這主要是因為咖啡種植與出口的成功，而且沒有其他產品競爭，才能使咖啡，從一開始就成為哥斯大黎加社會與經濟的基礎。

2. 意識形態與外國勢力

　　在中美洲，自由派與保守派在意識形態上的區隔非常顯明。自由派主張烏托邦式的發展，並希望將法國大革命及美國獨立運動所帶來的自由與民主，灌溉落後且灰暗的中美洲。而保守派則懷念殖民時代的秩序、完全尊重天主教會、害怕失控的社會變革，因此他們主張實施開明專制。不過，顯明的意識形態卻與個人的野心、政治機會主義、無法預期的情勢以及複雜的利益遊戲規則，形成強烈對比。瓜地馬拉與各地區的對立，主要發生在瓜地馬拉與薩爾瓦多和宏都拉斯之間，而且還包

括，各國城市與地區間的衝突。政黨間的分野經常變動，也顯得異常混亂，因此比過往更盛行機會主義。這種明顯的混亂、悲慘且不具希望的未來，可能就是自由派的政治方案與現實社會嚴重背離的結果。

　　至於外國勢力是否導致中美洲聯邦的瓦解，仍是爭論的問題。首先，農業墾殖及移民造成快速的正面影響，但也導致聯邦的瓦解。1825年的借貸是一場災禍，而建造跨洋運河則挑起帝國主義者的貪婪慾望。在事件中，英國領事查特費德扮演活躍的外交官角色，自由派歷史學者認為他是將中美洲巴爾幹化[1]的罪魁禍首。但學者羅德里格斯（Mario Rodríguez）則斬釘截鐵地認為，只有在1838年危機後，查特費德才成為中美洲整合的可怕敵人。但是不要忘了，英國人占領中美洲大西洋岸的野心卻長久存在。1818年，英國人在莫斯基提雅島加冕當地國王，並於1843年宣布這個地區是其保護領地。1839年以後，中美洲合併已經變成不切實際的想法。有些人認為中美洲合併是一種理想，另外有人則認為這是干預鄰國事務的藉口。合併的念頭，不斷地在往後中美洲的歷史上出現。

第二節　保守派復辟及外國勢力的威脅

一、保守派執政

　　一八四〇年代，中美洲盛行分離主義。天主教會則恢復在瓜地馬拉的權力。而瓜地馬拉總統卡瑞拉則在大商人、教會及印第安民眾的支持下，採取強硬的獨裁統治，直到1865年去世。但是，保守派勢力的重建比一般想像的還慢。初期，卡瑞拉只有掌控軍權，但是他在宏都拉斯及薩爾瓦多，成功扶植兩位忠誠的地方首腦費雷拉（Francisco Ferrera）及馬雷斯品（Francisco Malespín）。這讓他在避免莫拉桑餘

---

[1] 巴爾幹化是一個常帶有貶抑的地緣政治術語，可以被定義為：一個較大的國家或地區分裂成較小的國家或地區的過程，這些國家或地區的關係緊張甚至處於敵對狀態。

黨反撲時，不但沒有後顧之憂，更讓他有充裕的時間鞏固在瓜地馬拉的執政。1844年，瓜國國民大會封他爲「功勳彪炳的元首暨將軍」，並在當年的12月11日，推舉他爲總統。到1865年去世前，除了1848至1849年短暫的時間外，卡瑞拉全面掌權，但是備受爭議。

　　一八五〇年代，在瓜地馬拉城附近盛產的靛藍及胭脂蟲，是當時歐洲工業急需的染料，也是中美洲繁榮的基礎。因爲，傳統以騾子及印第安人駝運的運輸方式以及由教會及大商人壟斷的金融體系，都不需做激烈的改變。至於原來短缺的勞動力，也因印第安部落的平穩，而供應無缺。1859年，卡瑞拉透過承認英國占領貝里斯，交換英國同意大幅降低外債利息，以及承諾協助建造連接瓜地馬拉城及加勒比海岸的公路。

　　在薩爾瓦多，殖民體制的延續也隨處可見。重啓靛藍出口，且到一八八〇年代，靛藍出口仍然是薩國最重要的出口產品。然而，從1846年起，也開始種植咖啡。靛藍的生產結構大致與胭脂蟲的生產相去不遠，印歐混血的中小型業者，接受城市商人的預付款，而商人則負責將產品外銷。至於大種植園主則雇用印第安人或印歐混血人從事靛藍及胭脂蟲的種植。在中美洲聯邦瓦解後，薩爾瓦多的靛藍商人，還與瓜地馬拉城的大商人維持密切關係。雖然十九世紀中，對靛藍等染料的需求不斷增加，但很快出現其他生產國的競爭，以及人造染料問世等諸多問題。

　　與殖民時代一樣，獨立後的宏都拉斯人口仍然相當分散，而且礦業依舊沒有恢復。在北部海岸，英國人掌控伐木，並大量雇用來自貝里斯的勞工。奧蘭喬地區（Olancho）所養殖的牛隻都在瓜地馬拉或薩國的聖米格爾城（San Miguel）販售，但運送路途遙遠且工作吃重。當時德古西加帕城是一座衰頹的礦業中心且交通不便。至於位在豐賽卡灣的丘盧特加（Choluteca）及納卡歐美（Nacaome）則是太平洋沿岸殖民時代陸路必經之地。

　　至於，尼加拉瓜則持續扮演殖民經濟時期的傳統角色，用趕牛的方

式，供給中美洲市場所需。此外，礦業曾經興盛，並在馬納瓜附近初步發展咖啡種植。其他經濟活動則仍然相當落後與原始。靛藍及可可仍占一席之地，特別是在里瓦斯（Rivas）及格拉納達（Granada）。缺乏勞動力及持續受到內戰的破壞，影響種植農業的發展，但卻強化傳統畜牧業的發達。在格拉納達的商人仍然掌控信貸，而且維持高利貸。

　　一八三〇年代，哥斯大黎加咖啡的快速發展，以及成功經由南美洲合恩角（Cabo de Hornos）將咖啡出口至英國，這宣告哥國擁有新的發展前景。此外，由於運輸方式改善、國家慢慢現代化以及中央谷地農民的勤奮工作，哥國經濟蓬勃發展。再者，一群剛剛來自英、法、德的歐洲移民商人及企業家，很快地在哥國咖啡貿易扮演重要角色。因此，從十九世紀中葉起，哥斯大黎加逐漸成為中美洲人關注的焦點。

二、外國勢力的介入與干涉

　　1840至1850年間，外國勢力對中美洲的干涉，越演越烈。1839年當中美洲聯邦瓦解時，表面上，英國以要求中美洲各國按比例償還1825年的聯邦債務為藉口，干涉中美洲。但是，實際上是為了達到鞏固控制貝里斯、控制1843年宣布為保護地的尼加拉瓜的莫斯基提雅島，以便未來在此建造跨洋運河等諸多目的。但是英國這種挑釁式的外交，立刻與美國擴張主義的利益衝突。後來，兩國於1850年簽訂克萊頓－布威爾（Clayton-Bulwer）協定。據此，英國必須放棄單方面控制跨洋路徑，而且雙方承諾不殖民中美洲任何地區。但是，英國很快地打破不殖民的承諾，於1852年占領宏都拉斯灣的巴伊亞島（Isla de la Bahía），而且到1894年才撤出莫斯基提雅島海岸。

　　1848年起開始的加州淘金熱，明顯地讓已經混亂的中美洲更加動盪不安。在1869年美國跨洋鐵路啟用前，通往加州及美國西海岸，最快且最便捷的路徑就是取道尼加拉瓜的聖胡安河、尼加拉瓜湖，之後經由陸路從格拉納達抵達太平洋岸；或是經由巴拿馬，透過1855年啟用

的跨洋鐵路。1848至1868年間，前往加州的旅客，有6萬8000多人經由尼加拉瓜，回程則有5萬7000多人經過。此交通運輸，振興尼加拉瓜的經濟。此外，這也強化中美洲地區戰略的重要性，但也助長各列強的覬覦。

在卡瑞拉的庇護下，保守派人士掌控中美洲的政治運作。而在英國的支持下，自由派人士也曾多次試圖重建中美洲聯盟，但是都以失敗收場。曾是莫拉桑舊屬的巴斯孔塞羅斯（Doroteo Vasconcelos）在掌控薩爾瓦多政權時，曾在1851年1月成功地與宏都拉斯及尼加拉瓜形成聯盟，但是在同年2月就被卡瑞拉的軍隊擊敗。1853年，也是莫拉桑舊屬的卡巴涅斯（Trunidad Cabañas）曾在宏都拉斯掌權，並提出聯盟計畫，但卡瑞拉斯再度獲勝並重建保守勢力。1854年，教皇封卡瑞拉為瓜地馬拉終身總統。然而，新的且更嚴重的動亂再次威脅中美洲。

1855年，尼加拉瓜自由派求助於美國的沃克（William Walker）將軍。在自由派承諾讓予廣大土地後，沃克組成一支傭兵遠征軍。沃克軍隊很順利就掌控局面，並在尼加拉瓜快速成立魁儡政府，事實上該政府由傭兵軍團控制。1856年5月，美國國務院承認此政府，此舉對中美洲其他國家及英國政府本身都是大警訊。事實上，沃克藉由不斷增加資金、武器及來自美國南部的奴隸，以加強傭兵的實力，準備將尼加拉瓜實質併入美國。因此，中美洲政府結盟以全力對抗沃克。一支由哥斯大黎加總統莫拉（Juan Rafael Mora）指揮且接受英國提供裝備的軍隊，在一年激烈的戰鬥後，終於在1857年5月擊敗沃克的軍隊。此次戰役再次確立中美洲的獨立，也代表保守派勢力在中美洲達到巔峰。

哥斯大黎加總統莫拉是卡瑞拉的忠實盟友。1856年，莫拉支持瓜迪歐拉（Santos Guardiola）當選宏都拉斯總統。在沃克事件後，尼加拉瓜保守派持續掌權長達30多年，直到1893年。只有在薩爾瓦多的巴里歐斯（Gerardo Barrios），曾試圖公開挑戰卡瑞拉。巴里歐斯曾推動教育及經濟改革，如成立師範學校以及大力發展咖啡種植，同時莊嚴隆

重地將莫拉桑的遺體遷移至聖薩爾瓦多，這些都顯示他與卡瑞拉不同
調。1862至1863年間，當巴里歐斯試圖干涉宏都拉斯以及開始影響教
會利益時，爆發危機。但是隔年，卡瑞拉就擊敗巴里歐斯，並扶植杜耶
涅斯（Francisco Dueñas）接任總統。

　　保守派在尼加拉瓜三十多年的執政，形成很難得的穩定局面。現
代化緩慢且民眾的政治參與有限，是此時尼加瓜局勢的特徵。雖然有強
勢的政府，且政權幾乎由格拉納達顯赫家族主導，但都能克制並限制連
選連任。其中一位顯貴的創建者查莫洛（Frutos Chamorro），在1858
年依據憲法就職時，明白表達將制定新憲取代1838年制訂的自由派憲
章。

　　一八六〇年代，中美洲正準備迎接重大的改變。巴拿馬跨洋鐵路的
完成，開啓中美洲出口更好的前景。因此，太平洋岸港口取代大西洋岸
的港口，並在出口貿易上扮演日益重要的角色，這也有助於在太平洋沿
岸咖啡的出口。哥斯大黎加咖啡種植成功的範例，將會是各國爭相仿效
的對象。此外，因爲條件逐漸成熟，有利於採行曾在聯邦時代失敗的自
由派的許多計畫。

第三節　自由派的改革——新的社會秩序

　　一八七〇年代撼動中美洲的自由派浪潮，他們奉行獨立先驅的信
念，並自我標榜延續莫拉桑的薪火，這改變了國際環境及經濟條件。此
外，新世代的自由派比先人更加務實。他們深刻改革體制以尋找有利於
發展出口經濟的必需資源，但是其所獲利益卻只掌握在少數的地主及商
人手中。爲此，他們重新分配土地及修正相關勞動法令，而新的體制也
意味著階級關係的根本改變。此外，自由派取消天主教會的特權，以及
地方寡頭階級必須服從國家領導。國家在推動出口業政策的成功與否，
深刻決定統治階級的經濟及政治利益。

一、改革重點

自由派的成功在瓜地馬拉特別明顯，接著是薩爾瓦多。1871年，瓜地馬拉革命成功，接著由巴里歐斯（Justo Rufino Barrios）掌控全局。他是一位年輕、富有的首領，而且在瓜國與墨西哥邊界處，擁有廣大的咖啡莊園。此時，瓜國的土地改革快速且激進。在1873年沒收教會的財產、1877年取消長期租借普查制度，以及將其販售並分配為開墾之地。據此，形成以私人財產為主的土地市場。這些土地集中在太平洋沿岸，以及中部1400公尺以下的地方，這是瓜國最適合種咖啡的地帶。另外，因不適合種植咖啡，此土地改革並未影響太冷及太高的高原地帶的印第安部落，除了葳威特南果（Huhuetenango）、基切（Quiché）、維拉帕斯（Verapaz）及奇基穆拉（Chiquimula）等地。

此外，在1877年訂定工時法，此法恢復了殖民時期的作法，強迫印第安部落每年必須向莊園主提供一定的勞動時數，而莊園主則支付微薄的薪水給印第安人。同時，立法禁止遊手好閒。因此，居住在高原地帶的印第安部落，成為咖啡莊園重要的臨時工來源。在一八八〇年代，大約有8.5%的印第安人面臨這種處境，而強迫印第安人勞動的制度，一直延續至一九三〇年代。因此，臨時工、印歐混血以及貧窮的土生白人，提供新的出口種植所需的勞動力。這些勞動者可以在莊園內獲得一小塊土地，以種植家庭日常所需的作物；但相對的，他們需為莊園提供免費勞力。通常是，一天數小時，或一周或一個月幾天。這是約定成俗的口頭契約制度。

當時自由派的改革口號「和平、教育與繁榮」，在兩方面獲得特別的意義：其一，強烈反教權主義；再者，因應咖啡擴張，完成基礎建設及相關公共服務設施。因此，建設許多道路及港口，以及開始建造通往大西洋岸的鐵路工程，此工程於1908年竣工啟用。這是1914年巴拿馬運河通航前，咖啡出口最理想的路徑。因為所需資金暴增，被迫對外舉債。所以，政府及地方商人失去對銀行、出口貿易及財政的控制。

　　當時，反教權主義不完全是經濟因素，而沒收教會土地只是其中的小插曲。自由派認為，天主教會是發展現代教育的障礙，因為根據1852年的巴彭法（Ley de Pavón），小學教育由各教區的神職人員監督。此外，天主教會曾與卡瑞拉政權關係密切，因此自由派人士當然將教會視為學校民主及現代化的主要障礙。因此，巴里歐斯（Justo Rufino Barrios）政府傾向於取消對教會的所有豁免與特權，保留國家對教育以及出生、結婚及死亡登記的控制權。教育方案引進實證主義、發展小學教育、在主要城市成立中學機構、將聖卡洛斯大學（Universidad de San Carlos）現代化，以及強調職業自由化。之後，政府驅逐宗教團體以及關閉修道院，導致教會勢力完全崩解。

二、各國施政

1. 瓜地馬拉與薩爾瓦多

　　1873至1879年間，巴里歐斯獨裁統治瓜地馬拉，且相關改革也大多底定，因此決定召開制憲大會，所制定憲法條文雖然簡短，但也常常模擬兩可。新憲法賦予行政單位很大的裁量權，且不斷強調政教分離及中央集權。這部1879年獨特的自由派憲法，一直實施至1945年。但是資產階級卻不太認同此憲法的實施，因為他們對此憲法的民主代表制不敢興趣。巴里歐斯是一位獨裁、果斷、性格變化無常，但卻不想讓個人權力受限的人物。此外，他雖然擁有絕對的權力，但也經常遭受叛變及謀反等的威脅。在與鄰國關係方面，巴里歐斯模仿卡瑞拉斯的作法。為了鞏固自由派在瓜地馬拉的政權，他積極在宏都拉斯及薩爾瓦多扶植盟友。但是在1885年，其政策大幅轉變。當年2月8日，他頒布命令宣布中美洲成為單一的共和國，並表示「分裂及孤立，我們一無是處；團結才有未來」。同時，他宣布自己是新國家的軍事首領。然而，此宣言立刻遭到薩爾瓦多、哥斯大黎加、尼加拉瓜、墨西哥以及美國的反對。為此，巴里歐斯訴諸武力，並在一個月後入侵薩爾瓦多，但是在查楚阿

帕（Chalchuapa）戰役中，不幸喪生。因此，新的且短暫的聯盟行動告終。

在薩爾瓦多，自由派的改革受到瓜地馬拉的直接影響，而且主要是由總統薩第瓦（Rafael Zaldívar）主導。與瓜地馬拉不同的是，薩爾瓦多的天主教會擁有的土地及資產不多，而且印第安部落及村落，占據最適合種植咖啡的地區。1879年開始沒收土地，並透過1881及1882年的法律，以消滅印第安部落及村落制。這導致薩爾瓦多比其他中美洲國家更快速無產階級化，同時也讓土地由少數的地主所壟斷。由於薩爾瓦多人口多且較密集，因此咖啡種植快速擴張。另外也因勞動力充沛、面積小以及地形障礙相對緩和，因此有利於鐵路建設及港口與道路的現代化。雖然薩第瓦在1885年曾強烈反對巴里歐斯，但其政權並沒在當年戰爭中倖存。由孟聶德斯（Francisco Menéndez）將軍所領導的自由派揭竿起義，並開啓軍人專制執政，其特性爲將實證及務實的自由主義落實到1886年的憲法。

2. 宏都拉斯

在宏都拉斯及尼加拉瓜，自由派的改革則是失敗且不完全。首先，索托（Marco Aurelio Soto）是瓜地馬拉總統巴里歐斯的魁儡。索托在1876年就職，在這個崩壞且人口稀少與分散的國家，他只能試著盡其所能。預計連結宏都拉斯灣至豐賽卡灣的跨洋鐵路計畫，因爲政府接受賄賂以及建造費用比預期高出許多，終告失敗。此外，因爲地形崎嶇，缺乏廉價運輸，造成出口農業，特別是1876至1883年間，索托政府積極推動的咖啡生產，嚴重受阻。爲了個人利益著想，索托重啓銀礦的開探。由於世界各地大量開採銀礦，造成銀礦成果有限。而且，外國資本很快控制宏國的銀礦開探，但因技術及交通不便而受到限制。

1883至1891年，柏格蘭（Luis Bográn）接任總統，繼續索托未竟之業。但是，他的繼承，卻開啓宏都拉斯政治不穩定時期，直到1894年波尼亞（Policarpo Bonilla）上臺時才穩定下來。波尼亞受到尼加拉

瓜自由派的堅定支持，其任期延續至1899年。在任期間，他持續執行
索托及柏格蘭推動的體制改革及經濟成長方案，但成效不佳。地區分
裂、交通困難及落後，仍主導宏國發展，且阻止形成眞正具全國規模的
勢力團體。因此，經常受到鄰近國家的威脅，並導致宏都拉斯的持續不
穩定。

3. 尼加拉瓜

其自由派的革命起步最晚而且失敗。在擊敗沃克後，由格拉納達的
畜牧業者及商人組成的保守派統治尼加拉瓜近30年。一八八〇年代，
完成連接柯林多（Corinto）及摩模東波（Momotombo）的鐵路，幾年
後則延伸至馬納瓜及格拉納達。尼國咖啡種植集中在西部的太平洋岸及
湖邊盆地，但是缺乏勞動力成爲保守派政府一直無法克服的難題。雖
然曾在1881至1883年制定無業遊民法以及採取多項政策將印第安部落
土地私有化，但是尼國咖啡發展仍受到相當的阻礙。1893年，以聖多
斯・賽拉亞爲首的自由派上臺執政，其性格與瓜地馬拉的巴里歐斯很相
像。上臺後，他盡全力將尼加拉瓜現代化，他雖然獨裁統治，卻充滿幹
勁。任內，他陸續完成多條鐵路的建設，同時計畫將鐵路延伸至更偏遠
地區。他也積極吸引外資，以大力推動礦業發展。但是，最具意義的是
有大批的商人和企業家，紛紛投入咖啡種植。聖多斯・賽拉亞曾通過招
募法，以補足咖啡業之勞力，同時強徵無業遊民及失業者從軍。但是，
咖啡種植並沒有取代傳統銷往美國市場需求的畜牧業。同時，外資大量
投入礦業以及大西洋岸的採掘業。最後，由於利益分岐，統治階層很難
團結一致。

因跨洋路徑以及比其他中美洲國家更大的外國施壓，讓原本已經複
雜的尼加拉瓜社會情勢更加撲朔迷離，並在最後造成美國於1912的介
入及干涉，甚至美國海軍已進駐接管。但是，聖多斯・賽拉亞卻異於往
常，展現出毅力與勇氣。在1894年收回對莫斯基提雅島的控制權，並
成功化解英國於1895年對柯林多（Corinto）的封鎖。爲了滿足美國人

的利益，聖多斯‧賽拉亞於1901年12月提出協定草案，但美國國務院認為無法接受，因為協定並沒有包含治外法權。不過，1902年法國讓出巴拿馬運河建造權，以及巴拿馬在1903年獨立，導致美國很快將目光轉向巴拿馬。但是，整個中美洲因此徹底成為美國經濟及軍事利益的勢力範圍，亦即，中美洲淪為美國的後院。

　　尼加拉瓜體制的變革，反映在1894年的憲法。但是，在1905年的憲法中，卻大幅縮減個人的權利與保障，並明顯的增加政府的權力。事實上，聖多斯‧賽拉亞政權不斷訴諸獨裁手段，來統治國家。在統一的口號下，他不斷干預宏都拉斯及薩爾瓦多，並獲得兩國同意與尼加拉瓜成立「中美洲大共和國」（República Mayor de Centroamérica），但只經歷1895至1898年，短暫的三年。此外，1902至1907年間，他的新統一計畫，與瓜地馬拉當時擁有絕對權力的獨裁者艾斯特拉達‧卡培拉（Estrada Cabrera）嚴重衝突，並引起墨西哥及美國的不安與嚴重關切。

　　聖多斯‧賽拉亞的做法和當年瓜地馬拉的巴里歐斯在1895年的做法相似，即試圖以武力完成中美洲的統一。事實上，1839年中美洲聯邦瓦解後，多次企圖完成中美洲統一，都考慮到三個面向：1.共同對抗外來的侵略，例如對抗美國沃克入侵，或在1895年為了支持聖多斯‧賽拉亞；2.提供干涉他國內政的合法藉口；以及3.一群學者的烏托邦想法，例如孟迪塔（Salvador Mendieta）建立中美洲聯合黨。1909年，在與美國外交嚴重磨擦下，保守派推翻了聖多斯‧賽拉亞政府。與美國衝突的根源在於，聖多斯‧賽拉亞政府取消給美國公司的許可權，以及多國試圖在尼國建造運河，這危及美國正在巴拿馬建造運河的工程。

4. 哥斯大黎加

　　自由派逐漸掌權。其原因為哥國地處孤立、殖民影響較小、人口少、耕地充裕、沒有強制工作系統，以及比其他中美洲國家更早發展咖啡種植。曾在1835至1842擔任總統的卡立約（Braulio Carrillo）所

推動的政策，之後仍持續執行數十年。此外，卡斯楚‧馬德里（Castro Madriz）曾在1847至1849及1866至1869兩度擔任總統期間，大力推動公立教育及言論自由。1870至1882年間，瓜第亞（Tomás Guardia）將軍獨裁統治時，曾出現進步的極權主義，他1871年頒布的憲法，沿用至1949年。該憲法取消死刑，並引進大量外資來啟動國家現代化，例如建造通往大西洋岸的鐵路及充實利蒙港（Puerto Limón）的設施。他的繼承者，費南德茲（Próspero Fernández）及索托（Bernardo Soto），取消教會特權，並大力推動教育改革。此外，在十九世紀最後25年，自由派透過實施合法行使權力及參與政治等機制，擴大民眾的參與。1889年，當自由派坦然接受在選舉中的挫敗，印證政權可經由選舉輪替。其後的兩位總統羅德里格茲（José Joaquín Rodríguez）及伊格雷希亞斯（Rafael Yglesias），雖然獨裁統治以及經濟情勢不利，但是都能持續執行國家進步與現代化的政策。

　　不過，在1901及1905至1906年的選舉也曾出現舞弊的情事，但是政治運作仍朝民主代議制型態發展。在哥斯大黎加不像其他中美洲國家充斥個人主義，而且透過選舉的政權轉移的遊戲規則，日益被各界接受。同時，比較尊重法規以及言論自由。這些有利於哥斯大黎加在未來數十年，能夠逐漸且成功地讓新的社會階層參與政治。

第四節　民族、社會與國家

　　如果從現在的角度去評論過去，有可能不合理也不公平。但是，我們必須透過某些方式，來評斷中美洲從獨立到十九世紀末，所經過的歷程。我們可以試著做以下三項總結：1.分離主義勝出；2.民族國家鞏固；以及3.自由思想的轉變，從浪漫的烏托邦，轉向務實的實證主義。

一、民族國家的建立

　　整個十九世紀，分離主義逐漸加強。初期，中美洲聯邦在內戰中瓦

解，其後在一八四○及一八五○年代雖然試圖重建聯邦，但都遭受失敗的命運。十九世紀最後25年，巴里歐斯及聖多斯‧賽拉亞的努力，並沒有獲得比較好的結果，亦即在已經很混亂的情況下，又產生新的內部衝突。分離主義的勝出與民族國家的鞏固並行。第一個徵候出現在獨立時，當時每個重要城市掌權的菁英份子，開始擁有較大的自主權。在短暫併入墨西哥帝國及中美洲聯邦時期，首都設在哪裡成為最大的爭議，特別是宏都拉斯、尼加拉瓜及哥斯大黎加等沒有比較強大核心城市的國家，要建立一個全國的政權，牽涉到必須將地方利益歸順中央政府。在宏都拉斯及尼加拉瓜較晚才完成，而哥斯大黎加則比較早達成。

　　此外，民族國家的鞏固，依賴三種不同的因素。首先，在殖民時代其施政有利於某些地區，而損害某些地方。其次，存在特別的情勢與環境。第三則是聯邦時期內戰不斷，而且外國勢力持續干涉。三個負面案例有助於了解這些因素的產生，其一，恰帕斯脫離古瓜地馬拉王國是因為墨西哥的影響；而貝里斯則最終成為英國的殖民屬地。另外，哥斯大黎加則因為地理孤立的因素，有利於早期成為民族國家。而當時國家的結構則受到國家權力的運作以及農業出口經濟擴張之間的強烈相互影響。

　　十八世紀末已經敗壞的殖民地經濟狀況很難消除，而且獨立後替代方案出現得很緩慢。十九世紀中，哥斯大黎加出口咖啡的早期成功，與瓜地馬拉、宏都拉斯、薩爾瓦多及尼加拉瓜再次採取舊體制，兩者之間形成強烈對比。在哥斯大黎加，咖啡業蓬勃發展主要歸功於有利的形勢、有眼光的商人的大力推動，以及內部沒有利益的衝突。而在其他國家，因過多的風險或缺乏新的替代方案，導致重建或朝向沿用殖民時期的解決方案。但是，最後在聯邦危機的情境下，才開始逐步建立民族國家。

二、自由派改革的得失

　　自由派的改革，除了取消教會特權以及權力更加集中在政府外，與保守派當政比較，其變革並沒有很明顯。政府權力的行使有稍做改變，但與憲法及法律的規定相去甚遠。事實上，新的民族國家既是自由派之子，也是重建保守派的繼承人。自由派改革後，由誰掌權？至少在初期，是由地主、商人、城市中產階級，當然還包括外國人以及剛改信自由思想的保守派人士。新的企業家著重於新的投資機會；因此，他們與傳統企業家間對於資源的競爭不多，也幾乎沒有正面的衝突。所以，在新情勢下，最大的失敗者並非靛藍企業主或畜牧莊園主，而是印第安部落及天主教會。

　　隨著自由派的改革，國家才能擁有資源以發展農業出口經濟，以及明顯擴大咖啡地種植。亦即，自由派的國家因此建立了自己的領導階級。接著，我們概述整個十九世紀，民族國家越來越穩固的基本特性，雖然各國間有很大的差異：1.行政、財政及司法權集中；2.國界的劃分考量對內部的控制以及國外對主權的承認；3.軍隊及警察負責維持國內秩序及抵禦外侮；4.法律框架由憲法、法律及法規構成；5.建立某種程度的官僚系統，以遠離個人主義及個人利益；以及6.透過公共教育的灌輸以及對政治體系不同方式的參與，讓文化整合成為民族的思想。

　　毫無疑問，後面三項最弱。官僚體系的建立費時甚久，並脫離法律範疇；而個人主義及專制才是王道。政治參與的方式，充滿例外的情況；因此，社會融入新國家，問題叢生。法律架構並非原創，而且未經思慮就抄襲，因此法律常常互相牴觸。此情況非常危險，因為它讓行事的原則和事實的鴻溝越來越深，並損害其合法性。在十九世紀下半葉，自由思想遭遇很重要的轉型過程。獨立及聯邦時代浪漫及烏托邦式的理想主義，被務實的實證主義所取代。但是如果我們比較尼加拉瓜的赫雷斯（Máximo Jerez）及瓜地馬拉的改革者巴里歐斯，雙方存明顯的差異。赫雷斯具有唐吉軻德的風格，孜孜不倦但卻愛幻想，熱切追求中美

洲的統一；他是律師、拉丁語文學專家並熱愛宇宙學。但他在政治及軍事等各方面都失敗。一八六〇及一八七〇年代，他成為莫拉桑主義遺產的象徵。赫雷斯將軍於1855年和自由派的朋友，一起謀劃反抗沃克。之後，他以無畏和勇敢的方式對抗沃克的軍隊。但是在1857年的民族戰爭中，卻無法取得優勢。最後，他在薩爾瓦多與巴里歐斯（Gerardo Barrios）並肩作戰，試圖擊敗尼加拉瓜的保守派人士，但在1863年以失敗告終。1869年，他再次發動新的且不幸的尼加拉瓜的軍事冒險，但這次幾乎還沒開戰，他率領的勢力就瓦解了。

　　赫雷斯所缺乏的政治現實主義，在巴里歐斯身上卻表露無遺。巴里歐斯是一位充滿精力、獨裁且果斷的人。此外，他不修邊幅，並為了國家的進步奉獻一切。其結果是造就了獨裁的政府並以警察嚴密管控社會，此外他以量身訂製的憲法以及國會議員的忠實支持，讓其政權合法化。在一個努力追求現代化的陳舊社會，他所運用的權力，具有高度的效率。因此，犧牲規定及原則，就成為次要的事了。在一八四〇及一八五〇年代，所有的自由派都主張統一，但是在20或30年後情勢迥異。因為，巴里歐斯及賽拉亞的努力與作為，最後遭到同為自由派人士的反對。

第五章
經濟微弱成長（1900-1945）

　　二十世紀初，咖啡出口讓中美洲經濟得以持續成長並與世界市場接軌。此外，它確立自由派改革所規劃的社會秩序，以及統治階層的利益越來越屈從於國外資本與朝氣蓬勃的外部市場。而且，咖啡出口也造成各國政治、經濟及社會結構的重大改變。

　　當時，中美洲是一個非常不平等的社會，政治上的排他性很強，其體制及法律，主要由統治階層獨攬大權。此外，總統的更迭，大都是透過政變、選舉舞弊，候選人都是由執政者所指定。再者，行政權獨大，議會權力受到壓縮，政黨的成立非常困難，媒體也都受到嚴格審查。

　　另外，因為出口農業蓬勃發展，導致社會結構產生重大變化。例如：大地主支配且掌控權力、傾向於沒收印第安部落的土地並重整土地資產、政治及經濟體制在運作過程中產生大量暴力、社會階級兩極化，以及新興的中產階級薄弱。再者，經濟多元化進展緩慢，這使得社會結構閉塞，缺乏改變。

　　二十世紀初，捍衛巴拿馬運河的安全一直是美國對中美洲及加勒比海外交政策的中心思想。整個二十世紀美國世界責任的不斷增加，也使得其對中美洲的關注同步提高。圍繞這些主要的核心利益，美國提出許多意識形態的議題來為其政策與行動辯護。

第一節　出口經濟的發展

一、咖啡的種植與發展

　　咖啡出口讓中美洲經濟得以持續地與世界市場接軌，並產生具有重大意義的影響。經濟持續成長、確立自由派改革所規劃的社會秩序，

以及統治階層的利益越來越屈就於國外資本與外部市場。此外，咖啡出口也導致國內結構的重大修正，例如：土地市場、勞動關係以及貿易及金融組織。一方面，自由派政府積極推動咖啡種植，有利於咖啡出口的蓬勃發展。另一方面，只有咖啡經濟本身能成長，才能深化咖啡業的發展。這導致中美洲往單一作物經濟發展，同時造成維持日常所需農業的發展缺乏耕地及勞動力的現象日增。

哥斯大黎加咖啡業的早期發展，是中美洲其他國家的範例。咖啡的種植及咖啡豆的加工技術，都源自哥斯大黎加早期的經驗，並於一八七○及一八八○年代，迅速在瓜地馬拉及薩爾瓦多推廣。瓜國及薩國因為勞動力充沛，在十九世紀末已經在中美洲咖啡生產上，占有絕對優勢。而在中美洲中央高地及太平洋沿岸，咖啡比任何其他作物，更影響中美洲人民的生活。從瓜地馬拉至哥斯大黎加，農村布滿著咖啡莊園。此外，每年的11月到隔年4月，咖啡的採收、咖啡豆的運送，都主導農村就業人口的移動。其次，咖啡種植技術是一種園藝。而且，咖啡園中錯落的大樹有遮蔭及防風的作用。再者，咖啡園甚少施肥及灌溉，因此咖啡園幾乎座落在肥沃的火山土地上，或降雨量充沛的地區。初期，咖啡種植的擴充，因為在崎嶇的地形上，很難使用任何機器，因此主要依靠密集的勞力，以提升產量。

在瓜地馬拉及薩爾瓦多，咖啡種植都掌握在大莊園主手上，而在哥斯大黎加，中小型業者則扮演重要角色。此外，工作體系也存在明顯差異。在瓜國及薩國，工作條件是比較強制性的。為了確保勞動力來源，瓜地馬拉會在咖啡採收期，強徵印第安勞動力。為此，莊園主支付印第安人消費券，且規定必須在莊園主開設的商店消費。此外，警察會追捕無法證明受雇於莊園主的印第安人。至於薩爾瓦多及哥斯大黎加，會雇用薪資工採收咖啡，雖然看起來相似，但仍存在關鍵性的差異。在瓜國，咖啡工人都是土地被政府強徵的農民；而薩國及哥國，咖啡工人則來自中小型咖啡業者家庭中多餘的勞動力。

從總體經濟而言，中美洲咖啡經濟的累積過程，可以單純的視為將土地及勞動力納入生產體系。一九五〇年代前，咖啡生產利潤的變數除了氣候及運氣的因素外，主要取決於如何有效運用人力。因此，利潤主要視莊園主是否擁有並控制生產咖啡所需的土地及資本，以及咖啡豆的處理過程。

在薩爾瓦多，因為人口密度高以及大量徵收印第安部落土地，所以有充沛且廉價的勞動力。一旦占有適合種咖啡的土地後，咖啡業者就擁有累積資本的理想條件。但是在瓜地馬拉，因為印第安部落的關係，擁有土地但無法確保勞動力的來源，因此莊園主常強迫人民勞動。但這並不是在嚴格的資本主義法則下最佳的做法，不過至少能確保咖啡業擴大發展所需的人力資源。在這兩種情況，土地的累積以及擁有大量財富，使得咖啡業毫無疑問成為企業最佳的選擇。因此，地主與勞動者間的關係變成零和遊戲，亦即一旦徵收土地，地主會將勞動力的支出盡量降到最低，以尋求最高的利潤。在貨物及服務市場上，沒有任何自主的勢力能改變收入的分配。當時，農人只能藉由擁有土地，而改變自己的身分地位；或者透過集體協商，以提高薪資所得。但是必須注意，上述兩種可能性都會導致瓜地馬拉及薩爾瓦多瓦的經濟社會結構的激烈改變。

在殖民時期，哥斯大黎加產生了自由農民。因人口密度低以及經濟孤立，自由農民具有強烈的個人主義傳統。在哥國，由於咖啡種植相對較早且需密集勞力，這強化哥國以中小業主占優勢的社會結構。而一開始就擁有大量財富且成功經營咖啡生產的企業家，因為壟斷咖啡的製作以及掌握貿易資本，因此他們成為強有力的領導階層。雖然這些企業家通常也擁有其他大規模的莊園，但是它的重要性不如咖啡生產。因為將新的家庭安置在邊境地帶，因此咖啡種植的擴大也意味著逐步且緩慢的移民，也因而複製無數的中小型咖啡業者。此外，隨著時間的消逝，因為繼承而導致財產的重新分配以及為尋找適合咖啡生產用地而發展出的邊境農業的結束，這有利於農村半莊園主的逐漸增加。

　　在哥斯大黎加，咖啡企業家與中小咖啡莊園主的關係，成為朝氣蓬勃社會的基礎。雖然所得有差距，但是他們都因咖啡出口而獲利。雙方都主張革新發展策略，也就是在貨物及服務市場上，將關係體制化以改善雙方的關係與地位。雙方合作以及階級間的協商，是逐步建立民主國家過程中根本的特質。此外，經濟達到巔峰也反映在城市化上，進口商品也改變了資產階級的喜好與習慣。在十九世紀還是村落的中美洲各國首都，獲得新的樣貌，甚至展現出新的建築風格。與貿易及國家官僚緊密關聯的中產階級，開始在社會萌芽。

　　咖啡運輸的需求，深刻影響中美洲經濟的發展。在巴拿馬運河通航前，中美洲高品質的咖啡大多經由合恩角運送到歐洲市場；而經由巴拿馬的跨洋鐵路則是折衷的解決方案。為此，從一八七〇年代起，哥斯大黎加及瓜地馬拉政府試圖在中美洲建立通往大西洋岸的鐵路，且大幅改善港口設備。兩國分別在1890年及1908年完成相關設施，這具有重大的意義：1.英美等外國資本大舉入侵；2.促成香蕉出口；3.開啟往大西洋沿岸局部地區的移民。

二、香蕉業的發展

　　一八七〇年代，香蕉業開始發展，從宏都拉斯海岸裝船，銷售到美國紐奧良等地。此外，在1871年起建造連接利蒙港（Limón）與聖荷西的鐵路，以利香蕉的出口。到十九世紀末，出口至紐奧良市場香蕉的種植，快速散播到加勒比海盆地。香蕉的生產由國家統籌負責，而運輸則主要掌握在中小型的船務公司。因為鐵路沿線土地的釋出，擴大香蕉貿易的成長。因為交通便利，香蕉生產可以往內陸不斷延伸提高產能。此外，管控碼頭及使用具有冷藏的大型船隻，也有利於香蕉的出口。1899年，美國在哥斯大黎加及哥倫比亞的企業家，集資1100萬美金成立聯合果品公司（United Fruit Company）。之後，它和標準水果暨輪船公司（Standard Fruit and Steamship Company）壟斷中美洲及加勒比

海香蕉的生產與貿易。

　　因此，中美洲從瓜地馬拉到巴拿馬的大西洋岸，出現嶄新的樣貌。

　　來自牙買加的受薪勞工在美國公司的香蕉大莊園工作。這些非洲裔的移民，加上從十七世紀已經居住在當地的非裔移民，強化此地區加勒比海文化的特質。這是與中美洲高原地區及太平洋岸，截然不同的另一個獨特的中美洲。由於香蕉業者相對的自給自足，造就它成爲小型的王國。它有自己的交通運輸、學校、醫院、電訊系統及警察，在熱帶叢林中，它是眞正的國中之國。

　　一次世界大戰後，特別是美國資本的入侵，讓中美洲日益與世界貿易接軌。雖然咖啡仍持續掌握在國內業者手中，但不可忽視的是，在1931年德國人雖然只掌握瓜地馬拉10%的咖啡莊園，其產量卻占40%。至於實力強大的香蕉公司，經營項目則擴大到鐵路、種植業、海運、船務、電訊公司等各行各業，其角色日益重要，且慢慢變成美國帝國主義利益的代言人。

　　40或50年後，農業出口發展的成果依舊貧乏。中美洲國家對於外部環境的變動，仍然非常脆弱。其經濟沒有多元化，主要出口產品咖啡和香蕉，仍然只是歐美人士餐桌上的甜點。中美洲的咖啡雖然品質高，仍然無法彌補依賴單一作物的不利情勢。此外，香蕉種植仍然無法避免天災與蟲害的影響，因此有時必須放棄整個種植區，導致失業及農村貧窮的情況。

　　其次，國家經濟的整合緩慢且失衡，農業出口對經濟多元化影響有限。致力於出口的生產，並沒有爲第一及第二級產業帶來額外的經濟活動，只有在貿易及服務業才有明顯的擴張。這在國家經濟規模小、人口少及消費市場貧弱的中美洲地區是很自然的現象。國內對消費財的需求主要仰賴進口，初步工業的發展，主要是生產本身農業發展所需的基本物資。根據產品類型來看，從十九世紀末到一九五〇年代，進口產品內容的改變微乎其微，大約50%的進口產品都是非耐久性的消費財。

再者，對於杳無人煙地區的移民，主要依賴是否存在未開發的土地、便利的交通以及保證獲得土地的國家政策。雖然進行緩慢且失衡，農業資本主義還是延伸至這些地區。但是，移民到邊境地區主要是迎合農業出口經濟業主的需求，因此對社會結構特色的改變甚少。

總之，農業出口的發展，並沒有促成資本主義深度的擴張，像增加新的產業、引進新技術，以及改善勞動產能。亦即農業出口產業並沒有對經濟成長發揮加成的作用，而且經濟發展總是一再受到國際市場起伏的影響。因此面臨1897至1908年間咖啡價格崩盤、一次世界大戰或1929年全球經濟危機等外部危機影響時，中美洲國家只能借助於發展國內生活所需的經濟。而對大地主則影響不大，他們可以恢復發展之前生活所需的經濟，並保留咖啡莊園以等待好的時機。

第二節　自由主義的理論與實踐

中美洲是一個非常不平等的社會，而它又是如何造成政治上的排他性呢？在執行上，現行的自由體制及法律，主要在於統治階層獨攬大權並唱獨腳戲。總統的更迭，大都是透過政變、賄選，而候選人都是由執政者指定的方式產生。當時的政治行政權獨大，議會權力受到壓縮，政黨的成立非常困難。再者，議會在辯論時，常常出現辱罵及拳打腳踢的情事；以及議員的席次都是由行政單位的分派或指定。行政單位根本不理會人民的感覺，任憑民間的怨言、傳言到處流竄，而且媒體也都受到嚴格審查。

事實上，當時並不存在權力分立。行政單位透過法律來矯飾其專權及濫用權力的事實。首先，總統在國會休會期間，任意頒布法律；其次，一遭遇國內外的大小騷動，政府就終止個人的權利。這代表政府可以恣意的迫害及控制反對派人士。此外，權力集中在少數人手中，以及資產階級組織的弱勢，使得權力落在艾斯特拉達‧卡培拉（Manuel Estrada Cabrera）這類獨裁者的身上。

一、瓜地馬拉政治發展

　　艾斯特拉達·卡培拉是瓜地馬拉諾貝爾文學獎得主阿斯圖里亞斯（Miguel Ángel Asturias）名著《總統先生》《Señor Presidente》的主人翁。強烈的父權主義以及神話傳言，造成民眾盲目的崇拜與追隨，以及不斷的阿諛奉承。

　　這些獨裁者一直都是農業出口寡頭階級利益的保護者，他們擁有的絕對權力，與各行各業的利益對立與衝突。但隨著時間，他們的權力也逐漸耗損，所以獨裁者常因內戰或群眾的集體憤怒而垮臺。此外，中美洲各國的領導人大多從重要家族中挑選或推派，並且輪流執政，這已經成為不成文的慣例。事實上，1898至1931年間，薩爾瓦多就盛行這種制度；而十九世紀尼加拉瓜的保守派政權三十年的執政，也是遵循此模式。

　　這兩個國家都因領導人能力不足，無法從事政治體制的變革，使得他們的執政模式不穩定。在尼加拉瓜，格拉納達家族所形成的保守派菁英核心，因無法擴大他們的社會基礎，所以在面對由聖多斯·賽拉亞所領導來自馬納瓜及里昂自由派企業家的挑戰時，就被迫讓出政權。而薩爾瓦多則遲至1931年才實施政治開放，但已來不及阻止社會的憤怒，並快速地引爆革命及血腥的屠殺。此後，軍人就長期主導薩國的政治發展。

　　總之，個人獨裁似乎曾經是為迎合寡頭政權的需求，因為兩種因素而形成。首先，農業出口寡頭階級的形成與發展和他們取得政權同時發生。這造成團體間的磨擦與對抗加深，並引來許多外國勢力的干預。其次，它與執行農業出口經濟所導致的暴力與鎮壓有關。如果政府強勢干預，經濟成長就立刻受到阻礙。

　　在瓜地馬拉此制度從巴里歐斯執政，延續到1944年烏畢科（Jorge Ubico）垮臺，中間曾經歷艾斯特拉達·卡培拉1898至1920年，長達22年的獨裁統治。這段時間政府的統治方式，可簡述如下：對媒體審查、

反對派人士流亡或入獄、警察控制權擴大、國家官僚體系權力縮小且馴服、財政及金融掌握在咖啡莊園主親人的手中，以及禮遇外國公司。在輿論受到控制下，這些執政者的不法作為，卻受到媒體及學者更多的阿諛與奉承，他們把艾斯特拉達・卡培拉尊奉為「青年的導師及保護者」。他們更尊稱他為「新的伯里克里斯」[1]、「米聶爾帕（Minerva）博學多聞的教士」[2]，以及其他各種阿諛的稱號。幾乎沒人關心公共教育嚴重不足的事實，以及陸軍及海軍軍費的支出是公共教育預算的8至10倍。1920年，中美洲聯合黨取代艾斯特拉達・卡培拉，主政瓜地馬拉。但是，這個由中產階級、學生及知識分子組成的政黨，在1921年被很快被艾斯特拉達・卡培拉的同僚奧雷亞納（Manuel Orellana）將軍所取代。

總之，在1926年接替奧雷亞納執政的查孔（Lázaro Chacón）將軍主政時，寡頭勢力有所鬆弛。在這段時間，因為經濟繁榮，使得貨幣穩定，而且體制也有所現代化。特別是成立全國勞工局以及設立許多勞工保護法，以回應工會及工人組織如雨後春筍般地蓬勃發展。社會的不安也同時反映在出現新的政治團體，如合作黨、工人黨及瓜地馬拉共產黨等。此外，聖卡洛斯大學獲得自治權，而且從1921年起，男性師範學校是新思維及反思批判的新搖籃。但是此新氛圍，於1930年戛然而止。查孔將軍突然去世，以及面臨世界經濟危機，造成總統繼承的問題；奧雷亞納將軍於同年12月，發動軍事政變。但是因為無法獲得美國的外交承認，所以宣布在1931年2月舉行大選。最後由烏畢科將軍贏得大選，並鐵血統治瓜地馬拉直到1944年；烏畢科資歷非常豐富，曾

---

[1] 伯里克里斯是雅典黃金時期具有重要影響的領導人。他在希、波戰爭後的廢墟中重建雅典，扶植文化藝術，現存的很多古希臘建築都是在他的時代所建。

[2] 米聶爾帕神殿位於瓜地馬拉市，在艾斯特拉達・卡培拉執政期，每年在此舉辦慶祝大會，為其執政歌功頌德，它的重要性甚至超過每年9月15日的獨立及1871年6月30日的自由派改革紀念日。

是參謀總長、維拉帕斯的政治首領、多次當選眾議員以及曾是奧雷亞納執政時期的戰爭部長。

　　雖然較具現代化及效率，烏畢科幾乎延續艾斯特拉達‧卡培拉的政策方案。他重組祕密警察，威嚇反對派人士。1931至1934年間，勞工組織大量消失，大學喪失自治權以及異議人士完全噤聲。此外，政府的計劃包括，明顯關注農業發展、優惠外國資本、穩定金融，以及大力推動公共建設。特別著重公路及住宅建設，且都由烏畢科親自督導。之後，他更新強制勞動的規定，頒布每年強制工作兩周但有償的徵用勞工的新法規以及嚴格的法律以阻止遊手好閒的情事。1935年，他取消在農村地區盛行多時以借貸方式強迫勞動的方式。因此，地方政治首領取代大地主，大幅控制勞動力。最後，政府直接任命地方行政長官，以遂行中央極權制度。因此，地方派系首領日益減少，總統得以完全掌控各個團體的利益。

　　1941年，烏畢科政權達到巔峰，那些順從的國會議員懇求烏畢科繼續擔任總統至1949年。然而，二次大戰導致其有秩序有效率的形象嚴重耗損。烏畢科雖然完全遵從美國在大戰時期的要求，以及與軸心國保持距離，但卻毫不掩飾支持西班牙的佛朗哥將軍，因此國際媒體毫不猶豫地將其歸類為法西斯主義者。

二、薩爾瓦多政治演變

　　在薩爾瓦多，獨裁主義及父權主義的結合是一八七一年代自由派巔峰的產物，並從1898至1931年盛行。甚至，孟連德茲－基諾涅斯（Menéndez-Quiñónez）單一家族，從1913到1927年間擔任總統。但是此體制在一九三〇年代大蕭條時面臨危機。在城市日益增加的工會組織，也擴展至咖啡種植區，而且到一九二〇年代末，社會動盪持續不斷。此外，統治階層的不和以及大蕭條前的繁榮，造成保守派羅梅洛‧波斯克（Pío Romero Bosque）將工會合法化，以及頒布一些勞動

法令。終其執政，他沒有頒布迫害法、允許自由大選選出其繼位者以及保障言論自由。大選於1931年1月舉行，由阿勞赫（Arturo Araujo）當選。他是一位厚道的大地主、在倫敦求學並且是英國工黨的崇拜者。其勝選主要是受到許多工會團體及知識分子的支持。在阿勞赫執政不到10個月的時間，加深經濟危機對勞工階級生活條件的影響，以及地主階級對阿勞赫模糊不清的社會主義思想的恐懼。此外，行政效率不彰以及無法支付公務人員及軍人所導致的嚴重財政問題，則加速情勢的惡化。

　　1931年12月2日，發生政變並由阿勞赫的副總統兼戰爭部長赫南德茲・馬丁涅茲（Maximiliano Hernández Martínez）將軍接掌政權。1932年1月，爆發社會叛亂，印第安人及印歐混血人拿著大鐮刀及木棍，在各咖啡莊園起義。同時，政府逮捕及槍殺1925年剛成立的薩爾瓦多共產黨的領導人馬諦（Farabundo Martí）等諸多領袖。叛亂後的鎮壓，導致約1萬至3萬人死亡。不論是這場起義或是之後的鎮壓，都深刻影響薩爾瓦多的近代史。大地主被迫放棄執政，並將執政權委託給軍人，導致國家機器成為壓迫的組織，而且廣大農民階級必須忍受近40年被迫噤聲的恥辱。赫南德茲・馬丁涅茲模仿瓜地馬拉烏畢科的風格與做法，推動類似的政治及經濟計劃。例如，推動公共工程以及國家適度干預經濟，像通過延期償付法及成立中央銀行等，而這些政策的產生是為了推動有利於資產階級的體制重整。

三、宏都拉斯與尼加拉瓜政治變遷

　　宏都拉斯及尼加拉瓜也擁有相似的政治發展歷程。首先，宏都拉斯因外國香蕉公司所引起的自由派革命並不完全；其次，尼加拉瓜因為美國的占領（1912-1933），導致地區利益的崩解。一八九〇年代至1933年，宏都拉斯的政治經歷最複雜的動盪期。首先，宏國經常遭受來自瓜國艾斯特拉達・卡培拉以及尼加拉瓜賽拉亞政權的干擾與影響；再者，

因為缺乏出口經濟以及真正的統治階層，政治非常薄弱。雖然香蕉業的發展彌補出口經濟的薄弱，但卻讓統治階層的地位也更加衰弱。雙方在土地許可上的競爭以及對微不足道但卻具有戰略性的宏都拉斯國家鐵路的控制上的衝突，讓已經複雜的政治情勢更加撲朔迷離。事實上，宏國政治的穩定是由卡利亞斯‧安地諾（Tiburcio Carías Andino）所完成。他是一位博士將軍兼具艾斯特拉達‧卡培拉及烏畢科的形象，以鐵血統治宏都拉斯，也從1932到1948年成為宏都拉斯香蕉業者的白手套。由於聯合果品公司與另一家公司的衝突，卡利亞斯‧安地諾的獨裁及父權主義制度得以穩定，1929年底兩家公司因為合併而終止衝突。

　　尼加拉瓜也經歷一段長久的政治動亂及衝突，國際的影響更加明顯。1912年，美國積極干涉並對抗尼國野蠻且貪腐的政權，進而扶植順從的保守派首領，並以選舉舞弊來營造尼國政權的民主假象。而保守派則以1916年所簽訂的布萊恩─查莫洛（Bryan-Chamorro）協定作為回報。該協議明訂美國擁有建造穿越尼加拉瓜的運河的永久權利、讓予美國位於加勒比海的玉米島（Isla de Maíz）99年的使用權，以及位於豐賽卡灣的海軍基地。因此，美國捍衛巴拿馬運河的營運安全獲得保障，而且將尼加拉瓜視為保護國。美國控制尼國的海關收入、鐵路及中央銀行，同時美國海軍則負責維護尼國內部的穩定，但是尼國的穩定非常短暫。美國在1925年撤軍，而自由派因為獲得來自墨西哥的武器供應，內戰重啟。1926年，美國海軍陸戰隊重返尼加拉瓜，這次面對的是真正由人民組成的游擊隊。1927年3月，雙方在蒂皮塔帕（Tipitapa）簽訂協議。自由派領袖孟卡達（Moncada）停止叛亂，並在1928年接任總統。

　　不過，桑定諾（César Augusto Sandino）直接拒絕對美國占領的讓步，並決定繼續作戰，在新塞戈維亞（Nueva Segovia）成功威脅入侵者多年。他高舉民族主義及反帝國主義大旗，不只在尼加拉瓜大受歡迎，也受到整個中美洲的同情，以及墨西哥政府的支持。執政的孟

卡達曾試圖終止美國官員留在尼加拉瓜，另外美國則訓練尼加拉瓜國家警衛隊（Guardia Nacional）準備取代美國海軍陸戰隊，以維持尼國秩序。1932年，美國順利協助成立國家警衛隊，並承諾退出尼加拉瓜。最後，美國與桑定諾反叛軍達成協議，桑定諾軍隊決定放下武器。1934年1月，一切跡象顯示，尼加拉瓜將可獲得永久和平。但是隔月，桑定諾及其同僚卻遭到國家警衛隊的暗殺。國家警衛隊由強人蘇慕薩（Anatasio Somoza García）所領導。蘇慕薩與宏都拉斯的卡利亞斯・安地諾行事風格相似，實施鐵腕政策及父權主義。他以國家警衛隊為基礎，權力迅速深入各種經濟活動。此外，他也是美國最忠實的盟友，長期掌控尼加拉瓜，直到1956年遭到暗殺。

四、哥斯大黎加政治歷程

在中美洲的動亂氛圍中，哥斯大黎加的情況是特例。從1910年起，哥國就實施直接且定期的選舉。憲政唯一的中段發生在1917年的政變，它導致蒂諾科（Federico Tinoco）上臺執政。但是其政權只延續兩年，1919年哥斯大黎加重返民主政權。在哥國，工會發展相對自由，並受到基督教社會思想及社會主義思潮的影響。由波利歐（Jorge Volio）所領導的改良黨（Partido Reformista），在一九二○年代有突出的表現，而一九三○年代香蕉無產階級工人的動亂，成為共產主義發展的溫床。因此在1931年，摩拉・巴爾維德（Manuel Mora Valverde）創建哥斯大黎加共產黨。

此時，由務實的自由主義派掌控國家，而他們並沒有遠離改革的潮流。因此，希梅涅斯總統於1924年將保險國有化，而且在一九三○年代的危機中，毫不遲疑地進行銀行體系的改革。1942年，卡爾德隆（Calderón Guardia）總統採行社會法，恢復工會、共產黨及天主教會的權力。這是哥斯大黎加與當時其他中美洲國家最大的區別，也是最令人驚豔之處。

第三節　社會的變遷

　　出口農業發展所產生的社會結構一般特徵如後：1.大地主支配且掌控權力；2.傾向於沒收印第安部落的土地，併重整土地資產，農村大眾無法接受其合法性；3.政治及經濟體制的運作，產生大量暴力；以及4.社會階級兩極化，且新興的中產階級薄弱。此外，經濟多元化進展緩慢，這使得社會結構閉塞，缺乏改變。亦即，在普遍貧窮及落後的情況下，社會缺乏變動的可能。

一、軍隊、教育與工會

　　雖然不可否認這是整體情況，但某些體制的改變已經開始讓社會結構複雜化，軍隊的專業化是其中一個因素。1868年，薩爾瓦多創建中美洲的第一所軍官學校；1873年，瓜地馬拉成立科技學校，它很快就成為其他國家爭相模仿的範例。不過，專業化只限於軍官，而士兵通常從農人中招募，而且待遇很差。幸運的話，這些士兵在當兵期間能學會讀書與寫字。在正規軍隊之外，他們也訓練一批專業且專為鎮壓的警察部隊。1912年，薩爾瓦多仿照西班牙民警（Guardia Civil），成立國民警衛隊（Guardia Nacional）。而美國占領期間所扶植的尼加拉瓜國民警衛隊，則是最著名的例子。

　　在宏都拉斯及哥斯大黎加，其軍隊發展依循不同的模式。宏都拉斯軍隊專業化起步很晚，從1950年才開始。而哥斯大黎加，則從未發生。1919年蒂諾科垮臺後，軍隊威望逐漸下降及衰退，最終於1949年的新憲中，取消軍隊。雖然，軍隊與警察的主要社會功能大多是鎮壓，但是不要忘了，軍官的軍事生涯，也算是一種促進社會變動的管道。在中美洲兩極化嚴重且剛出現新興中產階級的社會，軍官階級的出現，意義重大。

　　除了哥斯大黎加，在中美洲其他國家，教育都居次要的角色。在自由派時期，中美洲就提出宏偉教育方針，但最後都淪為紙上談兵，廣

大的農村民眾依然是文盲。在國家預算中，公共教育的支出總是最低，
而且不及軍事預算的1/2或1/3。大學很稀少，主要培養律師及其他稀少
的自由業。但是在1918年科多華大學改革（Reforma de Córdoba）以及
1910年墨西大哥革命（Revolución Mexicana）的衝擊下，大學成為新
思潮的搖籃，以及反對寡頭政權的大本營。

　　在敵視及鎮壓的氛圍下，中美洲工會的出現相對緩慢。初期的工會
由鞋匠、木匠或麵包師傅組成，亦即由城市地區不同行業的手工業人員
所組成。第一次世界大戰結束後，工會活動則日益增加，並以薩爾瓦多
的表現最突出。薩爾瓦多勞工區域聯合會於1924年成立，此後到1931
年前，每年都舉辦大會。此外，中美洲勞工代表團曾參與1929年在烏
拉圭首都蒙特維多舉行的拉丁美洲工會代表大會，與總部位於紐約、由
國際共產黨所成立的國際紅色救援組織，有密切往來。再者，美國外交
官認為，第三國際策動墨西哥激進人士參與中美洲工會的運作。在薩爾
瓦多的香蕉種植園區以及宏都拉斯和尼加拉瓜的礦區，罷工以及勞資衝
突，日益頻繁。這些中美洲早期的勞工運動，在接近一九三〇年代大蕭
條前，因為兩項因素而達到巔峰：首先是共產黨的成立，且加入第三國
際；其次是，之後在瓜地馬拉、宏都拉斯、薩爾瓦多及尼加拉瓜大規模
鎮壓及取締共產黨。

二、政黨與各國社會改革

　　當時的政黨大多是以具有魅力的領袖所主導的團體，但缺乏思想綱
領，像當時宏都拉斯的自由派政黨與尼加拉瓜保守派的政黨的主張區別
甚少。甚至在哥斯大黎加，也一直到一九四〇年代才出現意識型態較明
確的政黨。雖然限制頗多，參與政治也是社會移動的另一管道。在烏畢
科、卡利亞斯、艾斯特拉達・卡培拉或蘇慕薩等人獨裁時期所盛行的恩
從關係中，他們都以用人唯親、強取、壓制政敵或其他機制來擢升親近
人士。

　　當時，具烏托邦思想的知識份子，常以具體行動方案希望能改變中美洲社會的現實狀態。尼加拉瓜的孟迪塔（Salvador Mendieta），曾擔任由瓜地馬拉學生在1899年成立的中美洲聯合黨（Partido Unionista Centroamericano）的主席。他們盲目相信聯合的優點，並將中美洲許多的不幸歸咎於分離主義。他在1930年出版三冊《中美洲的病徵》（La enfermedad de Centroamérica），該書的風格及方法論類似十九世紀的實證主義的三部曲，首先，描述病徵的主體及症狀；接者，診斷症狀；最後提出解決方案。他認為聯合主義是基本原則及道德法則。

　　反帝國主義以及恢復民族自主權是桑定諾及賽恩斯（Vicente Sáenz）思想的根本特質。1926到1934年尼加拉瓜打游擊戰時，桑定諾思想逐漸獲得重視。而賽恩斯思想則是因為一九二〇年代在尼加拉瓜及1941年起在墨西哥，長期在報紙及教育耕耘的成果。這兩位人士都分享了拉丁美洲的理想、對聯合的熱情，以及揭露長期遭受落後、忽視及鎮壓的廣大拉美農工的命運。他們也和第三國際的共產主義保持距離，賽恩斯甚至提出改良式社會主義。接著，我們依國別稍作說明。

　　在瓜地馬拉，階級兩極化沒有因為沒收高原地區印第安部落的土地，而稍有緩和。但是，地主卻強迫印第安人工作，並建立印第安人是低下種族的觀念，這造成瓜地馬拉社會的分裂。而在薩爾瓦多的社會，也從一開始就非常兩極化。其主要原因是完全沒收印第安部落的土地、人口眾多且密集，而且從殖民時期起就有比較進步的文化同化；不過1932年鎮壓叛亂，終止將農民融入薩爾瓦多文化的理想。但也或許因為這樣，在薩爾瓦多對抗地主的行動比其他中美洲國家更快、更激烈且更團結。曾詳細觀察1932年叛亂的美國外交官，毫不遲疑地認為這些行動與共產主義的擴張有關；並表示，農村勞工待遇很差，而且很多莊園的工作條件，令人難以忍受。更糟的是，由於勞動力過剩，莊園主甚至經常認為，莊園中的牲畜都比勞工來得值錢。

　　在宏都拉斯，香蕉種植園區及採礦區形成一種特有的無產階級。

受薪勞工在一整年中幾乎不停歇的工作。一九二〇年代末，大約2萬2000多名工人從事香蕉的相關工作，其中80%在大種植園區，其他則在碼頭或鐵路勞動。而礦工人數則微不足道，同期，聖璜希多（San Juancito）礦區，大約有1000位礦工，人數與二十世紀初相去不遠。這兩種行業的勞工抗爭發展早，並在一九二〇年代蓬勃發展。雖然遭受卡利亞斯獨裁政府的強力鎮壓，但卻奠定工會的發展基礎，到1950年末已經成為中美洲最先進的工會組織。相對於工會在種植園區的蓬勃發展，農人在宏都拉斯破碎的經濟中，仍是少數。

在尼加拉瓜，勞工類型並不多元，而且大多數是農人。畜牧莊園與咖啡莊園競搶勞工，而在新賽哥維亞（Nueva Segovia）則有初步的礦業發展。這樣的環境，加上內戰的衝擊，到處都充滿更傳統的父權主義。因此造就蘇慕薩家族逐漸掌權，以及促成一九五〇年代棉花出口的快速擴張。

在哥斯大黎加則持續實施代議制民主，也是較早且成功改革的國家，其社會基礎為何，值得吾人思索。哥國咖啡種植主要以中小業者為主，但也有一些是掌控咖啡貿易及利益的大型咖啡莊園主。由於哥斯大黎加人口密度低，而且咖啡種植業需要許多勞動力，因此阻礙大型咖啡業者的形成，以及很難快速形成無產階級。如前所述，提早的改革，讓哥國的社會樣貌不會那麼兩極化，而且統治階級的經濟實力，也因此比瓜地馬拉及薩爾瓦多的同僚來得弱。此外，與出口種植連結的中產階級，則提供代議制民主運作以及逐步擴大政治參與機制的社會基礎。

第四節　美國的巨棒及睦鄰政策

在中美洲的戰略利益，特別是捍衛巴拿馬運河的安全，一直是美國對中美洲及加勒比海外交政策的中心思想。再者，整個二十世紀因為美國世界責任的不斷增加，也使得其對中美洲的關注同步提高。圍繞

這些主要的核心利益，美國提出許多主張為其政策與行動辯護。這樣的意識形態與思維，甚至延續到甘迺迪、卡特及雷根總統時期。1823年，美國提出門羅主義，它被簡化為美國人的美洲，並授權美國擔任世界警察的角色。多年後，威爾遜（Woodrow Wilson）總統改變其涵義，重新高舉道德主義，強調美國有責任將拉美文明化。之後小羅斯福（Franklin D. Roosevelt）提出的睦鄰政策，也依循此思考模式。

　　依此，我們了解長久以來，美國對拉丁美洲，特別是中美洲及加勒比海的政策，變動甚微。隨著新的經濟及政治利益的出現，美國國務院就會重新定義其政策。但是，不意謂此新政策與過去的政策完全分道揚鑣；更恰當的說法是，美國只是試圖藉機找尋與中美洲及加勒比海鄰近國家新的互動方式。美國在此地區的無所不在，並混雜對此地區的蔑視、同情及優越感，形成強勢的意識形態，以便在中美洲為所欲為。

一、巨棒政策

　　沿用泰德・羅斯福（Theodore Roosevelt）（1901-1909）於二十世紀初提出的巨棒政策，美國對中美洲直接軍事干預，並要求讓渡具戰略意義的領土，或要求成為其保護國。1901年，美國對剛獨立的古巴實施《普拉特修正案》（Enmienda Platt），該修正案授予美國可以隨時干預古巴等諸多權利。1903年11月3日，巴拿馬在美國海軍的大力協助下，終於脫離哥倫比亞獨立。但是1903年11月18日在獨立後不到兩週，雙方簽訂運河協議，授予美國在運河完成後擁有運河兩岸各8公里的領土主權。而一年前，英國與德國即開始封鎖委內瑞拉海岸，顯示將有更大的干預。其藉口是，要求內戰頻傳與貪腐嚴重的委內瑞拉，支付大額外債。為此，泰德・羅斯福進行調解，並在1903年2月簽屬協議，終止此封鎖。

　　此教訓讓美國學會在多明尼加，避免類似情事發生。1905年，多明尼加海關由美國官員接管，由多艘戰艦就近保護。因此，美國運用此

模式，重塑與中美洲當地的經濟與財政關係。美國在當地的利益快速增加，而英國的影響力則逐漸衰退。此外，英美也達成協議，持續圍堵德國的干預。1914年，巴拿馬運河啓用通航，更有利於美國積極介入該地區的政治與經濟事務。

　　透過美國及墨西哥的共同保證，中美洲各國簽訂《1907年條約》，試圖終止各國間經常的衝突。同時成立中美洲法院，以仲裁各國間的衝突；此外，也決定不承認沒有經過憲政程序上臺的政府。再者，該條約規定中美洲當時最衰弱且經常受到鄰國干預的宏都拉斯爲中立國，同時禁止在中美洲各地發生革命情事。但是這個因爲泰德・羅斯福與墨西哥總統迪亞斯（Profirio Díaz）個人利益而採行的政策，很快就遭受挫敗。美國首先發難，接著其他簽署國也紛紛表態，不會嚴格執行協議的規定。第一個印證的事件就是1909年宏都拉斯的賽拉亞垮臺。

二、懷柔措施

　　美國總統塔夫特（Taft）（1909-1913），則做了新的且重要的改變。自此，美國透過外交運作及軍事干預雙管齊下，來維護其投資及美國企業家的利益。因此，形塑美元外交（diplomacia del dólar）的政策，它與巨棒政策相輔相成，以利美國在中美洲的香蕉種植園、礦業以及鐵路的投資飛快擴充。最具意義的是不到幾年，美國紐約的銀行家，就取代歐洲債權人，成爲中美洲各國政府主要的債權人。美國掌控各國海關，以擁有穩定的財政來源；同時以軍事介入來捍衛其資產及受到威脅的美國公民。此後，美國就經常透過這種模式干預中美洲。

　　但是，這些作爲並無法避免中美洲的政治風暴，中美洲持續動盪不安。然而，從美國的利益來看，無疑地其政策非常的成功。租借的基地，以及布萊恩─查莫洛協定，足以維護運河的安全；同時，美國企業因此獲得極大的利益。1923年，美國與中美洲五國簽署《華盛頓協定》（Pacto de Washington），重申1907年協議，但其實質成效有限。

一九二〇年代，中美洲區域間的衝突減少，其主要原因是中美洲的國家穩定，以及美軍長期在尼加拉瓜駐守。而小羅斯福的睦鄰政策，也對中美洲地區產生明顯的影響。爲此，美國結束在中美洲保護者的角色、取消干涉古巴及巴拿馬的權利。然而，中美洲區域政治的穩定以及美國停止干預，主要是因爲出現像蘇慕薩、烏畢科、赫南德茲・馬丁涅茲等獨裁政權，他們比美國陸戰隊更捍衛美國利益。

　一九三〇年代的危機以及二次世界大戰，讓雙方在經濟領域有更大的合作。雙方簽訂許多雙邊貿易協定、戰略物資協定、貨物優先進入美國市場，以及其他更多的合作協定。1940年，美國幾乎與所有拉美咖啡生產國都簽署協議，可以說是睦鄰政策實施的最佳代表。特別是因爲大戰在歐洲市場關閉的艱困時刻，美國卻挺身保證收購中美洲的主要出口商品咖啡。

　在一九三〇年代的危機以及二次大戰期間，幾乎沒有人懷疑小羅斯福對拉美提出睦鄰政策的善意。此時期，不干涉以及平等互惠基本上落實在美國與拉美國家間的關係上。縱使有些國家出現比較強烈的民族主義，而損害美國經濟利益時，美國的反應也都比以往溫和，並大多透過外交途徑斡旋。但事實上，睦鄰政策主要還是建立在美國期待拉丁美洲國家政府及軍隊能毫無保留的與其合作。而二次大戰則是首次測試雙方關係的時機，冷戰則是第二次機會，然而此後即開始出現問題。在1954年及1965年，美國先後干涉瓜地馬拉及多明尼加，顯示泰德・羅斯福時期巨棒政策的重現。

第六章

經濟成長失衡（1946-1980）

　　第二次大戰結束，似乎代表另一個新時代的開端。1944年，烏畢科及赫南德茲・馬丁涅茲垮臺，是中美洲進入新時代的第一個標誌。咖啡價格大幅提高，並在一九五〇年代持續維持，這使得中美洲在戰後百業待興時，確保難得的經濟繁榮。然而，戰後中美洲的不發達及社會問題更加明顯。在聯合國及許多國際團體及組織的號召下，開始對中美洲廣為人知的沈痾進行診斷，並提出許多解決的方案。

　　此外，二次大戰後，中洲美洲的經濟蓬勃發展，刺激現代化以及出口種植的多元化。咖啡業仍然受到特別的重視，而且技術不斷改進；而香蕉也改種較能抵抗蟲害的品種。再者，一九五〇年代的棉花種植，以及一九六〇年代的肉品及蔗糖出口，成為中美洲新的出口產品。在1959年後，這有利於彌補咖啡價格下滑的損失，並讓中美洲的經濟一直蓬勃發展至1973年爆發全球石油危機。再者，1960年，瓜地馬拉、宏都拉斯、薩爾瓦多、尼加拉瓜及哥斯大黎加簽訂協議，成立自由貿易區，提供新的工業財稅優惠，並成立許多新的區域組織。然而，後來因為諸多因素，到1970年，共同市場幾乎已經奄奄一息。

　　在第三節政治與社會—自由派的危機中，我們將探討從一九六〇年代起，在十九世紀中葉開始實施的自由主義出現危機，社會的抗議及游擊活動，越演越烈且更難以控制。大地主及商人，經常將政治權力委派給軍人，以維護他們的權利。在這過程中，美國及天主教會也扮演相當重要的角色。

第一節 改革主義的前景

二次大戰後，中美洲的不發達及社會問題也更加明顯。因此，中產階級希望能幫助滿足廣大工農的真正利益。教授、大學生、公務員、專業人員、小商人、城市手工藝業者，以及某些軍官，提出許多改革計畫。在社會領域方面，他們希望能爭取社會保險、組織工會的權利以及制訂勞動法；在經濟計劃方面，希望國家在某種程度管控銀行及信貸、實施土地改革計畫，以及經濟多元化政策；在政治方面，呼籲尊重憲法、普選，以及實施代議制民主。此外，他們建議恢復國家主權，控制外國大型香蕉公司的財政，以完成改革藍圖的最後一哩路。

改革計畫成功與否，主要取決於三要素。首先，是統治階層的回應態度。他們總是認為任何的讓步，最終會走向社會革命。因此，在冷戰有利的大環境下，他們經常以反共為藉口，打壓任何的改革訴求；其次，是中產階級的重要性。他們是否能作政治表述，以及是否有能力足以獲得更廣大的社會支持；第三，是國際大環境，特別是美國的政策。美國經常為了保護在中美洲的戰略利益，而犧牲許多中美洲人民的基本訴求。

在解釋改革是否成功，應該要嚴格區辨改革本身的美意以及實質得到的成果。在經過長期的抗爭與衝突，中美洲的統治階級最終被迫接受一系列的改革，作為進入新世代的象徵。雖然政府被迫立法，卻仍然經常不遵守勞動法、社會保險的運作或是對銀行信貸的掌控。雖然如此，制定法律及設立機構，大部分是為了回應民眾的真正需求與利益，也是工會及政黨抗爭的成果。此外，這些行動有利於政治權力的更迭，以及喚醒民眾的集體意識。亦即，這些做法為被剝削的階級，開啟獲得社會及政治權利的更大空間，以及導向更先進的社會抗爭。總之，改革能達到巔峰，最重要的是社會各勢力團體運用各項有效的方式，努力獲得的成果。

一、瓜地馬拉的改革

　　1944年10月至1954年6月的十年間，瓜地馬拉的社會充滿希望。1945年，鼓吹社會主義精神的教育暨哲學家阿雷帕羅（Juan José Arévalo），因廣大政治團體的支持，以85%的選票當選總統。其政府於1946年成立社會保險局、印第安事務局、推動健康計畫、1947年頒布勞工法，以及在1948年成立官方的發展協會。新的勞動組織以及工會團體的擴增，導致在1948及1949年發生多起與美國聯合果品公司的衝突，並引起咖啡種植園主的不安。雖然印第安部落的抗爭不多，但政府趁二次大戰徵收德國人擁有的莊園，在1949年的土地改革時，讓一些無地的印第安民眾取得土地。

　　期間，阿雷帕羅必須面對25次的未遂政變，以及國內外媒體的惡意攻訐。1949年，陸軍總司令阿拉納（Arana）遭到謀殺，政治情勢變得更加撲朔迷離。阿拉納思想保守，而且被懷疑是多次政變的主謀。他的死亡，讓保守派失去下屆總統選舉的最佳候選人。1951年，阿本斯（Jacobo Arbenz Guzmán）上校接替阿雷帕羅，成為瓜地馬拉的新總統。此時，國內情勢趨於兩極化，分別是地主階級，以及更加強勢的工會人士及1949年剛成立的瓜地馬拉共產黨的領袖。他們的行動都比往昔更有組織及有紀律。但是，當阿本斯於1952年6月頒布土地改革法引發衝突時，曾影響政權的穩定。該法針對擁有90公頃以上的大地主，特別是針對閒置土地。此外，這項法律很快影響到聯合果品公司廣大的利益。該公司擁有的土地，都是在艾斯特拉達‧卡培拉及烏畢科兩位獨裁總統執政時所便宜取得。

　　聯合果品公司表示，1953年該公司在瓜地馬拉西部、占整體土地85%的閒置土地，是為了防止香蕉蟲害與病菌。瓜地馬拉政府遵循國際復興開發銀行的建議，認為擁有土地是推動基礎糧食生產計劃的重要條件。因此，政府依照聯合果品公司的報稅，以60萬美元進行徵收。然而，該公司堅稱真正價值超過1500萬美元，並要求美國政府協助。因

此，形成雙方不對等及不公平的對峙。美國在國內外強烈宣傳，讓外界認為瓜地馬拉正在成為蘇聯的衛星國，並且強烈地反帝國主義。四月時，瓜地馬拉大主教呼籲大家一起對抗共產主義，而阿本斯則積極向捷克斯拉夫購買軍火。同時，美國政府下令由中情局主導，並由兩位流亡的瓜地馬拉軍人帶領，從宏都拉斯發起行動；此外還配合強力的宣傳，成功製造政府與人民的不合。

在內外夾擊下，最後阿本斯於1954年6月27日被迫辭職。面對外來入侵，瓜國軍隊放棄抵抗；然而缺乏武器及組織的工會及一些政黨則有較大的抵抗意志。當時，暴力取代政治運作，實質權力落入軍人手中。因此，1954年以後，瓜地馬拉的政權就都由軍人主導。由於行政權獨大，使得權力集中在軍人政府手上。至於政府的合法性則來自軍人所扶植的議會、許可的政黨、天主教會以及軍隊本身的支持。因此，政治參與受到限制，而且民眾很少示威。軍人政府持續且無情的鎮壓，最後成為政權本身的部分特質，政治暴力成為既定的遊戲規則。

二、薩、宏、尼三國的改革

在薩爾瓦多，赫南德茲・馬丁內茲的垮臺曾開啟短暫的希望；但是在1954年10月，因為赫南德茲・馬丁內茲獨裁時期的警察首長阿基雷（Osmín Aguirre）領導的政變而終結。1949年起，歐索里鷗（Óscar Osorio）的軍政府開始薩爾瓦多的改革。此改革是漸進的，而且沒有具體成效。一九五○年代，因為咖啡高價所帶來的經濟榮景，促進醫療、住宅及社會保險等計畫的發展。如同眾所期待，政府的施政強力推動農業多元化及促進工業發展；同時尊重私人的發展計劃，以及大量投資基礎建設。不過，政府持續迫害工會，而且繁榮的成果也未能惠及廣大的貧困民眾。政治上，歐索里鷗依照墨西哥革命制度黨的模式，建立薩爾瓦多的官方政黨。然而他卻欽點軍人參加1956年的大選，這顯示傳統的觀念仍根深蒂固。因此，薩爾瓦多的政權越來越像鄰國的瓜地馬拉。

　　至於宏都拉斯，因為卡利亞斯於1948年辭職，總統職務由香蕉公司的律師賈維斯（Gálvez）繼任。他不是如同大家所認為的只是一位魁儡，而是能推出讓宏都拉斯現代化的發展計畫，例如：成立中央銀行、促進咖啡出口、經濟發展多元化以及改善道路系統等。不過，1954年他在任晚期，香蕉種植園區的勞工發動罷工，他了解美國之前干預瓜地馬拉的經驗後，不敢進行鎮壓。罷工情勢越演越烈且獲得國際的聲援，最後取得重要的勝利。其中最重要的是工會組織合法化，這有利於1957年制定勞工法。同時，賈維斯承諾於1954年舉行自由選舉，自由黨領袖維耶達（Ramón Villeda Morales）贏得大選，並在香蕉種植園工會以及許多中產階級及大眾的支持下，順利執政至1963年。此外，他加快推動賈維斯的計畫，試圖吸引外資、推動公共工程建設以及社會保險。1962年，維耶達下令進行土地改革，這吻合美國甘迺迪總統推動的進步聯盟（Alianza para el Progreso），而且改革只影響閒置土地。事實上，此改革主要針對邊境地帶薩爾瓦多民眾非法強占的土地。1963年，軍事政變終結維耶達的執政。在鎮壓的氛圍下，幸好維耶達的改革方案還能繼續實施。

　　在中美洲眾多的獨裁者中，只有尼加拉瓜的蘇慕薩能將政權延續至大戰之後。他個人強力控制國家警衛隊，而且善用一九四〇及一九五〇年代棉花種植業的擴張，大量累積個人財富。此外，他也善於聆聽許多國際組織及代表團的意見，尋求發展基礎建設的良機。蘇慕薩執政時，常以國家力量來滿足家族的利益與需求。1956年當蘇慕薩遭槍擊命危時，美國總統艾森豪甚至派遣其個人醫生到尼國協助搶救。蘇慕薩身亡後，他的兒子路易斯（Luis）即刻接任總統，另一個兒子阿納斯塔西歐（Anastasio）則接任國家警衛隊首領。

三、哥斯大黎加獨特的變革

　　中美洲國家中，只有哥斯大黎加的改革方案具有連貫性，且具有足

夠的政治條件來支撐。在1948年的內戰後，大部分的政治條件都獲得
保障。內戰爆發的主要原因是，政府試圖不尊重當年二月的大選結果。
當時，費格雷斯（José Figueres Ferrer）領導具社會民主思想的運動，
來對抗政府。他承襲瓜地馬拉阿雷帕羅的思想，所以在這關鍵時刻，不
但獲得阿雷帕羅的全力支援，也在哥國具有一定的群眾支持。1948年
5月，費格雷斯領導的委員會上臺執政18個月，承諾會將政權移交給之
後的總統當選人。這一年半時間，確立大幅的改革方案，並部分落實
在1949年頒布的新憲中。其中最引人注目的是廢除軍隊、推動公民服
務，以及成立選舉法庭，以保障未來能有乾淨及公正的選舉。此外，
還包括銀行國有化、推廣合作社制度、教育現代化，以及支持卡德隆
（Calderón Guardia）從1942年開始實施的社會保險計畫。

　　政府保障收入重新分配的措施，有利於農村及城市的中產階級，
這在一九五〇年代咖啡價格攀升時顯得格外重要。此時期咖啡的榮景，
不但重新定義哥斯大黎加的經濟及社會發展，也提供持續實施代議制民
主的厚實基礎，以及擴大政治參與的機制。1948年短暫的內戰，以及
執政委員會大權在握一年半的改革工程，並非從上而下的革命。在內戰
結束後，就開始執行政治承諾，但是改革方案的推動比社會民主黨主要
領導人的預期還緩慢。這體現在1949年，當制憲大會在制定新憲時，
並沒有採用社會民主黨代表所建議更新及更激進的方案，而是選擇修正
1871年制訂的自由派憲法。1950年，執政委員會終於將政權移交給總
統當選人烏拉特（Otilio Ulate Blanco）。

　　在費格雷斯依照新憲，獲得壓倒性勝利當選總統後，哥斯大黎加的
改革主義更加鞏固。隨著時間，在近代的哥斯大黎加，各政黨都具有改
革的想法。因此，政黨的區別不在於意識型態，而是在於他們的行動綱
領。哥斯大黎加改革主義的成功與持續的根本原因在於，存在具有自主
性的中產階級，且其政治及社會的動員能力很強；還有費格雷斯是一位
很特殊的領導人，他具有強烈的個人天賦與魅力，同時具有國內外都認

同的傑出政治才華等其他重要的因素。他熱烈主張改革主義及民主。由
於法西歐（Rodrigo Facio）的智慧創意，社會民主黨的政策顯示出意識
形態的連貫性。他沒有抄襲他人，而是仔細觀察哥斯大黎加實際狀況後
的精心策畫。

　　政治聯盟及反對派也扮演重要角色。一九四〇年代的事件不利於費
格雷斯以及其團隊。內戰時，雙方衝突擴大，並在執政委員會流放反對
派主要的領導人物以及大規模迫害工會時，達到高峰。一九五〇年代，
在冷戰方興未艾之際，費格雷斯高舉反共大旗，有利於其改革計畫不被
懷疑為顛覆的行動。因此，哥斯大黎加的民主獲得鞏固，也讓其在動盪
的拉丁美洲國家中，成為政治最穩定的國家。雖然如此，哥斯大黎加仍
然持續努力讓其民主政體更加完善；同時，國家積極扮演調和社會各階
層利益與衝突的角色。此外，國家推動國內生產所得再分配的政策，以
平息社會的抗爭；但是此體制的運作，也使用許多非正規的機制。例
如，在現代化過程中的農村社會，仍存在著傳統的父權主義及庇護主義
體制，它能彌補法律機制或官僚系統缺乏效率的負面影響。由於這些機
制的實際效益在於人而非其職務，因此透過每四年一次的選舉制度，更
換部分政治人物以及政黨輪替，成為哥國的重要大事，也成為社會平衡
的基本需求。

第二節　工業化及中美洲共同市場

一、農業出口的發展

　　二次大戰後，中美洲的經濟蓬勃發展，它刺激現代化以及出口種植
的多元化。咖啡業仍然受到特別的重視，雖然大量減少勞力的使用，但
是因為技術的改進，使得單位面積的利潤大幅增加。而香蕉也改種較能
抵抗蟲害，但比較不耐運輸的品種，因此香蕉必須裝箱再運送，這雖有
利於運送時減少空間，但卻需大幅增加人力。此外，一九五〇年代的棉

花種植，以及一九六〇年代的肉品及蔗糖出口，成爲新的出口產品。在
1959年後，這有利於彌補咖啡價格下滑的損失，並讓中美洲的經濟一
直蓬勃發展至1973年爆發全球石油危機。

　　這些事情明顯的改變中美洲的農業樣貌。到一九三〇年代末，香蕉
種植已經擴展到瓜地馬拉及哥斯大黎加太平洋沿岸低地。而多年後，則
在薩爾瓦多及尼加拉瓜太平洋沿岸低地推廣棉花種植。此外，當傳統的
畜牧業找到出口到美國市場而獲利後，整個中美洲開始新一波的畜牧業
發展，但也造成大面積的熱帶森林遭到濫伐。畜牧業養殖甚至深入到大
西洋沿岸低地，以及杳無人跡的中央高原地帶。從生態的觀點來看，這
造成天然資源的重新分配。新的出口經濟迫使穀物的種植被迫遷移至環
境更不利的地區，造成原始的熱帶森林大幅消失。這意味著，在一九七
〇年代，因爲農業大幅擴張，各國邊界消失。這樣的過程，對薩爾瓦多
社會的影響最明顯。長久以來，薩爾瓦多就是一個地狹人稠的國家，在
一九三〇年代就有許多人民遷移至土地廣闊且尚未開墾的鄰國宏都拉斯
的邊境地帶。在一九六〇年代，薩爾瓦多的大量農民移民，曾造成兩國
政府間的嚴重磨擦，最後在1969年爆發著名的「足球戰爭」。

二、中美洲共同市場

　　但是，最能改變中美洲經濟及社會樣貌的，毫無疑問的就是工業化
進程，以及同時間成立的中美洲共同市場。瓜地馬拉、宏都拉斯、薩爾
瓦多、尼加拉瓜及哥斯大黎加於1960年簽訂協議，成立自由貿易區，
提供新的工業財稅優惠，並成立許多新的區域組織。哥斯大黎加則一直
到1963年才正式加入共同市場。透過中美洲經濟整合銀行，美國提供
大筆資金協助基礎建設，同時鼓勵私人直接投資。

　　1961至1969年間，區域間貿易成長七倍，這顯示共同市場初期運
作成功。同時，中美洲整體國內生產毛額年均約成長6%。負責協助推
動的拉丁美洲暨加勒比海經濟委員會則建議，應根據區域的計畫，考量

各國的利益與需求，僅設立少數的工業。但是，美國資本家則施壓並要求擴大到所有的工業產品。最後，1960年的協議放棄經濟委員會原先的建議。一九六〇年代末，拉丁美洲暨加勒比海經濟委員會預期的事情終於發生。亦即，最後工業集中在人口密集且薪資較便宜的瓜地馬拉及薩爾瓦多。為此，尼加拉瓜及哥斯大黎加曾多次威脅退出共同市場，最終獲得同意持續發展工業；而相對落後且人口分散的宏都拉斯，則因此導致大規模的危機。

雖然，1969年宏都拉斯與薩爾瓦多之間爆發的戰爭，主要是因為薩爾瓦多移民問題造成，但是在戰爭前出現的宏都拉斯工業利益被忽視也是其中因素。1971年，宏都拉斯正式退出共同市場，此後與一些中美洲國家簽屬雙邊協定。在1970年，共同市場幾乎已經奄奄一息。工業發展取代非耐久性消費財的進口，但是原物料及半成品的消耗則增加；1973年後，因面臨國際經濟危機，中美洲貿易平衡的情勢越來越嚴峻。簡言之，發展的經費越來越難籌措。

三、工業發展

該如何正確評估中美洲工業化的衝擊與限制呢？以下有一些比較性的指數，有助於我們了解。一九七〇年代末，也就是中美洲工業化開始15至20年後，工業化所帶來40%的附加價值成長，主要歸因於食品、飲料及香菸的生產。而化學及金屬工業僅貢獻不到20%；同時，典型的紡織輕工業，只在瓜地馬拉及薩爾瓦多占有一定的重要性。這顯示，中美洲的工業還在進口替代的階段，幾乎才剛萌芽。反觀，在1900至1929年間，阿根廷的工業附加價值與中美洲相似，但是在1925至1945年間紡織業、運輸設備以及機器生產，成為最有活力的工業部門。

在共同市場的情境下，過程太早結束是中美洲工業化的另一特性。工業化一開始就出現危機，這顯現在進口占國內生產毛額的比重增加。在1980年，這數據介於瓜地馬拉占26%及宏都拉斯占51%之間。而巴西

及阿根廷在一九六〇年代工業發展不振時，進口只大約占國內生產毛額比重的5%。此外，中美洲工業化進程最負面的影響是對就業的衝擊。1950至1972年間，工業從業人口占比一直維持在大約10%。而1958至1972年經濟整合時，創造15萬個直接或間接就業機會，這大約占整體勞動力的3%，占中美洲五國整體勞動力增加的14%。

　　共同市場及工業化是一九六〇年代中美洲經濟發展的最佳選擇嗎？毫無疑問，對當地企業家及外國投資者是最棒的選擇。但是從市場規模及企業利潤的觀點來看，則有不同的論斷。工業化進程的過早結束以及在一九七〇年代中，中美洲無法從進口替代成功轉爲出口導向，遭到許多質疑。其實，中美洲整合本是一樁美事，但是問題出在工業化進程的方向與模式。1972年，中美洲經濟整合祕書處的報告指出，中美洲內部特別是農業部門，需做更深層的改變；而且各國政府間一定要有更好的規劃與協調，以持續推動工業發展。

　　檢視國際組織的眾多文件及官方統計數據，會發覺中美洲工業化進程的代價，都由廣大的人民承擔；利潤卻大多集中在少數企業家及中產階級。而在哥斯大黎加，因爲政府有系統的介入，以及存在改革主義，負面影響大幅減少。不過也造成政府支出明顯增加、外債激增、貿易赤字不斷擴大。此外，城市化大幅成長，中美洲各國首都從原本落後的樣貌，轉型爲人聲沸騰的現代化都會城市。但是，城市邊緣人增加、缺乏公共設施、合宜住宅，以及犯罪率不斷增加，都是城市快速膨脹的後果。此外，首都附近的居民逐漸加入新的城市環境，使得缺乏規劃的大都會範圍不斷擴大。

　　因爲人口快速增加以及農業樣貌改變所造成的國內移民，助長新居住地的大量增加。從社會的觀點來看，其結果影響深遠，即人民新的態度與生活習慣永遠改變農村生活的傳統模式。在政治上，因爲新的城市環境，動員及抗議活動也呈現新的面貌。

第三節　政治與社會 —— 自由派的危機

一、整體形勢發展

在一九六〇年代，一個世紀前開始實施的自由主義出現危機，它有許多跡象可循。首先，社會抗爭越來越難抑制。面對因為社會變遷所產生的游擊活動或示威遊行，瓜地馬拉及尼加拉瓜統治階層只能以不斷的鎮壓來回應。在面對來自莫斯科或古巴卡斯楚所策動的反動時，固執的大地主及商人，越來越常將政治權力委派給軍人，以維護他們的權利。事實上，這些反動的威脅，常常是執政者以意識形態作為藉口，否認自由派改革已經完全失敗。中美洲從一八七五年代開始實施自由派改革，卻造成社會關係嚴重排擠。

1. 美國的政策

在這個時期，美國對中美洲的政策，意見紛歧。一方面，美國的技術代表團常精準地提出中美洲需要的變革及結構性改革的方案；但是，美國國務卻總是在最後一刻，因戰略的考量而臨時變卦。這是美國無條件支持蘇慕薩等許多中美洲獨裁政權的原因。美國為了其戰略利益以及保護貪婪的美國公司，常忽視大部分中美洲人民渴望擁有合法的民主政權。

1961年，甘迺迪政府提出「進步聯盟」計畫，試圖推動拉丁美洲的經濟成長、農業結構性的變革，以及政治民主。在這個雄偉的計畫背後，事實上隱藏著對抗動亂的目的，也就是摧毀古巴革命，並藉由現代化及民主化，徹底剷除拉美，特別是中美洲游擊隊運動的溫床。但是，這項以資本主義對抗社會主義的偉大計劃，很快就失敗了。統治階級抗拒並摧毀大部分具有社會主義色彩的改革，而且因為與當時榮景年代的美國資本連結，而獲得大量利益。此外，軍警也因為這個計劃而獲得更多的裝備及現代化，以更有效率地對內鎮壓，並在對抗游擊隊活動上屢傳捷報。到1970年，瓜地馬拉及尼加拉瓜政府都能有效打擊該國的叛

亂活動，並能及時預防在宏都拉斯及薩爾瓦多的革命之火。由於當時越戰方興未艾，美國已經不那麼在乎進步聯盟原先規定的政治民主及民眾參與的原則。因此，中美洲的軍人及獨裁統治階級，總是能成功制止叛亂活動的威脅。

2. 天主教的角色

　　傳統上非常保守的天主教會，在此時期也開始多元，但有時自相矛盾的行動。一九四○年代，哥斯大黎加的薩納布立亞（Sanabría）主教第一個挺身而出，致力於推動社會保障及工會活動。其他的行動則是來自薩爾瓦多、瓜地馬拉、宏都拉斯及尼加拉瓜等天主教不同教派及其相關組織。一開始，獨裁政府並沒有懷疑天主教會的動機，所以教會才能在印第安部落、不同的合作社組織以及其他民眾組織推動相關工作。而且，天主教會所有行動的出發點都是為了避免共產黨的威脅。由於教會組織的積極行動以及第二屆梵蒂岡宗教會議後天主教的深刻改變，天主教會在中美洲的努力獲得出乎意料的成果。

3. 軍人的態度與學運

　　此外，某些軍人也高舉改革大旗，但通常都在國家的規定內，因此成就較小。在薩爾瓦多，溫和左派組成的軍人暨文人委員會，曾在1960年10月試圖推動新的替代方案，但卻在1961年1月被右派軍人推翻。再者，1972年，因抗議政府貪汙、指定執政黨總統候選人以及當年大選的公開舞弊等情事所以起的叛變，很快就因瓜地馬拉空軍的支援，而遭到撲滅。一九六○年代初期，瓜地馬拉的一些異議軍人走上游擊之路。在宏都拉斯，因為統治階層四分五裂，所以軍人運作空間較大。但是，在1963至1970年間，因為羅培茲（López Arellano）領導的一個保守且鎮壓的政府，行動受限。1972年，羅培茲再度掌權時，即刻感受到一群年輕、激進軍官的施壓。這導致羅培茲實施土地改革、分配土地、以合作社方式組織農民，並優予提供貸款。雖然土地改革的措施只影響閒置土地，且對大地主及外國公司的利益影響不大，但至少在

土地改革後能供應國內基本糧食的需求。一九七〇年代末，因為承受不同的壓力、官員貪腐及軍隊內部不團結，改革嘎然而止。

　　在這段時間，大學自治及學生運動，值得特別關注。二次大戰後，中美洲的系列改革，促成大學自治。然而，大學自治也讓學校或教室成為反對勢力的溫床。除了哥斯大黎加，大學或學生與政府關係不睦，因此常遭受政府的直接干預。例如，1972年薩爾瓦多事件，以及1970年後，瓜地馬拉政府選擇性且血腥干預大學。雖然如此，大學及學生運動還是擁有一定的行動空間，有時候能引起政府的傾聽，學生成為特別活躍的角色。在國家混亂時，大學最重要的角色是對國家面臨的問題，進行批判與提出建言。此外，學生運動則是團結各抗議行動的關鍵因素，抗爭通常透過街頭遊行示威、宣傳及其他的方式。在瓜地馬拉、宏都拉斯、薩爾瓦多及尼加拉瓜，大學及學生運動讓反對的熱情持續不墜，是其最重要的特質。

4. 政黨的作用

　　此外，因民主受限，政黨扮演的改革角色降低。除了哥斯大黎加，中美洲其他國家的選舉，從未出現過政黨輪替的情事。執政者常透過預防性政變，以避免舉行大選，或避免將政權移交給大選中勝出的候選人。選舉公開舞弊；嚴格控制競選活動，或限制反對派參與；或寡頭階級間私下達成協議，有條件且有限度的移交政權，這些都是早期中美洲政治特有的現象。瓜地馬拉只有在1944至1950年間的選舉，以及宏都拉斯在1957年的大選，能夠乾淨且順利的移交政權。

　　由於美國提出進步聯盟，以及出現一些比較現代化的政黨，這些政黨不再以獨裁領袖的意見為依歸，並且具有穩固的意識形態為基礎。因此，這時中美洲的選舉活動已經開啟政治競爭的空間，而且反對黨也因此擁有更多元的發聲管道。基督教民主黨、社會民主黨以及宏都拉斯的自由黨等，都是很重要的創新政黨。此外，這些新政治勢力都與國際有密切的連結，在指控政府濫權、專斷、殘暴等時，都擁有更廣泛的參考

指標及支持力量。這樣的情勢，在中美洲的政治活動中，越來越明顯。

二、游擊勢力的發展

1. 整體形勢

　　無論從政治勢力的競爭以及社會變遷的前景來看，游擊活動的出現也扮演重要的角色。中美洲游擊活動的發展，有兩個明顯的階段。第一階段是一九六〇年代，游擊活動在瓜地馬拉及尼加拉瓜萌芽，卻在美國進步聯盟抑制叛亂的策略下，讓兩國政府能快速且成功的控制游擊活動。因此，叛亂活動無法在農村立足。此外，幾乎所有中美洲國家統治階級都愈來越團結而且一致行動，這造成一旦行動失敗，叛亂者無法尋求鄰國的庇護。因此，在1963年，瓜地馬拉、宏都拉斯及尼加拉瓜軍方簽屬協議，成立中美洲國防委員會，以便一致行動。之後，薩爾瓦多及巴拿馬也分別在1965及1973年加入。而哥斯大黎加則在1966年象徵性地加入。這個組織的運作，美國軍方扮演重要的諮詢角色。此外，尼加拉瓜當時的獨裁者阿納塔西歐・蘇慕薩的角色也不遑多讓。在中美洲變化多端的政治情勢中，他持續且穩定地掌控尼加拉瓜的政治及軍事權力，具有穩定的作用。1969年，薩爾瓦多及宏都拉斯爆發足球戰爭時，以及1969至1977年間，巴拿馬總統托里霍斯（Omar Torrijos）開始爭取運河主權時，納塔西歐・蘇慕薩的角色更形重要。

　　第二階段是在一九七〇年代，其特徵有著深刻的變化。在尼加拉瓜及薩爾瓦多，叛亂活動深入民間；而在瓜地馬拉，叛亂活動則擴大到印第安民眾。1979年7月，蘇慕薩家族統治瓦解，這是這新時代的高峰；緊接著是1979年10月，薩爾瓦多的軍事政變則是游擊勢力日益成長的明證。這個新形勢如何產生？這些大規模群眾運動的基礎爲何？我們說明如下：

　　中美洲改革主義的失敗具有不同的觀點，但大都將其簡化爲政治社會的悲劇與殘酷。一場罷工，或單純爭取勞動權益的行動，會很快地變

成影響更多層面的社會抗爭。事實上，如果沒有獲得工會、學生組織、天主教會等單位的動員與支持，抗爭將一事無成。而且，通常政府或統治階級會對抗爭進行鎮壓，受波及的單位非常廣泛。總之，中美洲國家缺乏體制化來處理社會衝突，是改革注定失敗必須付出的代價。即使再小的抗爭，都會質疑體制的不公，而且總是被政府視爲意圖叛亂。

2. 各國狀況

　　然而，具有廣大農民爲基礎的叛亂活動，不會立刻屈服於統治階級的施壓。在薩爾瓦多，此情況特別明顯。因爲薩爾瓦多人口密度高，且其農民同質性高，無產階級程度也較高；此外，雖然工人階級相對較少，但是城市邊緣人口數量快速增加。再者，1969年與宏都拉斯爆發戰爭後，宏都拉斯加強管制邊境，造成許多無地、無工作的農村勞動者無法順利移居到宏國邊境地帶，另外則是興建水庫，造成土地被徵收以及大量農村民眾被迫遷移。從1971年起，許多游擊組織以小核心團體開始運作，很快就形成罕見的規模。軍隊及準軍隊組織的壓迫，讓反叛隊伍越來越龐大。政府大力追捕與祕密組織有直接或潛在關係的所有可疑人士，如神職人員、學生、政治人物、工會領袖及農民等。1979年，在美國卡特政府的支持下，軍事政變成功，終止長期以來，薩爾瓦多存在的鎮壓及叛亂活動。

　　至於尼加拉瓜，情況則完全相反。特別是在1972年大地震摧毀首都馬納瓜後，當時蘇慕薩家族的勢力龐大，嚴重影響尼加拉瓜當地企業家的利益。例如，在1979年蘇慕薩家族壟斷約全國1/3的資產，還謀殺反對派領袖查莫洛（Pedro Joaquín Chamorro），這導致反抗蘇慕薩王朝的桑定陣線添加新的社會基礎，該陣線是一九六〇年代出現的叛亂團體。雖然該陣線在1979年革命成功，卻造成4萬多人死亡。桑定革命成功，美國卡特政府扮演重要的角色。因爲卡特政府時期，美國在中美洲主張人權與民主的外交政策，這對獨裁且迫害人權的蘇慕薩政權是致命的一擊。此外，桑定陣線還受到來自墨西哥、古巴及委內瑞拉的大力支

持。同時在陣線內部，他們逐漸聯合多樣有效率的反對勢力，因此最後才能一舉擊潰蘇慕薩家族長達40年的獨裁統治。

在瓜地馬拉，游擊隊活動在城市獲得成功，但是在農村完全失敗後，在1970年時幾乎快被殲滅。不過，在1975年游擊活動再現，這次在中央及東部高原有重要的進展。之後游擊活動越趨激烈，顯示出印第安人已經完全動員，成為反叛運動的重要社會基礎。為什會有這麼激烈的改變？這主要是因為政府分離印第安部落的經濟與文化，而且讓印第安部落遭受資本擴張及人口成長的壓力；此外還加上天主教會與其他基督教派的行動，這些因素加速印第安人意識的覺醒，在區域相對廣大的情況下，印第安多樣的族群、區域間的差異大，以及交通上的天然障礙，也是導致反叛活動無法成功的重要因素。

在中美洲其他國家面臨嚴重的社會動盪危機時，哥斯大黎加則呈現不同的樣貌。面對此時期的挑戰，哥斯大黎加以深化改革來回應。其社會保險相當普及；在農業方面，新的屯墾計畫，解決哥國某些地區因為缺乏土地問題而增加的壓力。也許最具代表性的嘗試就是哥國政府推動成立國家與人民合資的複合式企業，其基金來自1976至1977年咖啡價格飆升的收入。但是因為貪汙、缺乏效率以及在1978至1982年間國家政策的巨大改變，導致計畫很快就以失敗收場。

1979年尼加拉瓜革命成功，以及薩爾瓦多反叛活動明顯增加，成為中美洲歷史的轉折點。這代表蘇聯在古巴影響日增的同時，美國在中美洲地區的影響也日益增加。因此中美洲的戰略重要性再現，使其成為東西對抗的新戰場。從國際政治的觀點來看，這是必然的結果；但若推論這是反叛活動深化所造成，就過於武斷與牽強。

第七章
危機與轉折（1981-1990）

　　中美洲在一九八〇年代最初五年，每天都危機重重，而且衝突的新聞不斷攻占當地及國際新聞媒體的版面。這讓許多中美洲人感到恐懼，並害怕隨時成為無辜的受害者，除了這些集體的心理情緒外，實際的危機規模如何呢？

　　在世界經濟長期衰退情況下，中美洲的經濟不振更是雪上加霜。中美洲的國內生產毛額成長持續下滑，到1982年甚至出現負成長。若以人均來看，情況似乎更糟。在1980至1984年，國民平均所得在哥斯大黎加及尼加拉瓜下降10%、瓜地馬拉下滑15%、宏都拉斯及薩爾瓦多則下降20%以上。此外，1978至1983年間，貿易平衡也持續出現赤字，1983年比1977年增加30%至40%。外債也大幅增加，在1977至1983年增加四倍。通膨、失業攀升以及貨幣貶值更顯示出情勢的嚴峻；展望中期，情況並非樂觀。如果全球經濟沒有明顯好轉以及出口價格無法回升，所有中美洲國家都將無法償還外債。雖然在一九八〇年代，中美洲國家在政治、經濟及社會發展上有其共通性，但各國間也存在極大的差異性。這部分，我們會在第二節中詳細說明。

　　在第三節中美洲的和平協議，我們會從1986年5月24至25日，瓜地馬拉總統塞雷索（Vinicio Cerezo）提出中美洲和平倡議，並邀約中美洲五國總統齊聚瓜地馬拉的艾斯基普拉斯城（Esquipulas）共同協商，以解決中美洲的衝突開始談起。此外也會提到，歐洲經濟共同體的協調支持、美洲基督教民主組織的施壓及拉丁美洲其他國家、特別是透過康塔多拉集團的奔走，都對中美洲和平做出重大貢獻。

第一節　整體形勢

　　中美洲五國經濟危機的共同現象與特徵，讓人不禁懷疑這惡化的政治與社會問題有關。相對於瓜地馬拉、薩爾瓦多及尼加拉瓜深受內戰及暴力影響，哥斯大黎加及宏都拉斯的政治及體制則顯得比較穩定。但是，沒有任何國家能倖免於經濟危機。在世界經濟混亂的情況下，以及在中美洲共同市場的框架下，中美洲的工業發展嚴重停滯以及出口業出現危機，都加速經濟危機的惡化。

　　另外，共同市場的分裂更加明顯與深化。它不只是因為外部形勢不佳、企業管理或政策錯誤的結果，更是因為發展模式的失利，使其無法打破體制障礙以促進社會發展。因此，不會因為國際經濟的復甦，中美洲經濟就可以走出危機。中美洲要克服危機，必須重新確立發展方向。首先，需大幅重新定義區域整合，並將位於加勒比海盆地的國家納入；其次，提出與世界市場連結的新方式，包含出口多元化以及開發新的市場。而以社會政治的觀點而言，這些情況代表一世紀前開始實施的自由派對社會的統治模式已經行不通了。但是這個表象看似簡單的方案，卻隱藏非常複雜的事實。

　　再者，政治危機是內部的現象，唯有詳細研究每個國家個別狀況，才能做出更適切的評斷。但是，像在薩爾瓦多及瓜地馬拉所發生的內戰，以及在尼加拉瓜桑定革命成功，都深刻影響中美洲地區的國際關係現狀。

一、美國的干預與政策

　　美國霸權衰退以及新勢力的出現，不只引發衝突也重新定義區域的情勢。衝突的爆發甚至引發新情勢的發展。首先，美國直接軍事干預的可能性增加，美國曾在1983年10月出兵干預加勒比海小國格瑞那達，這可視為美國在此地區發動更大規模軍事行動的序曲；其次，中美洲存在兩國或多國間可能爆發戰爭的嚴重危脅。當中美洲緊張情勢達到巔峰

時，墨西哥、巴拿馬、哥倫比亞及委內瑞拉四國組成「康塔多拉集團」
（Grupo de Contadora），尋求以外交斡旋，達成區域和平。雖然經過
冗長且複雜的協商過程並沒有完成簽屬和平協議，但是它至少有效制止
迫在眉睫的軍事衝突。

自從蘇慕薩家族垮臺，特別是1981年雷根擔任美國總統後，美國
的中美洲政策朝四個不同的面向發展。第一，在宏都拉斯設立軍事基
地，讓該國成爲美國防衛的重要據點。美國在宏都拉斯持續軍演以及儲
存大量武器，希望藉此威嚇尼加拉瓜桑定政權。而且它提供薩爾瓦多軍
隊後勤支援以對抗該國游擊隊活動，它還全力支援尼加拉瓜反革命軍
（contras）從宏都拉斯邊界對抗桑定政權；第二，持續加強提供資金
及物資給反桑定團體；第三，美國曾與桑定政權短暫且直接的協商，如
1984年的曼薩尼約（Manzanillo）會談。此外，美國還曾從1984年10月
起，支持薩爾瓦多交戰雙方的對話；最後則是重新提出對中美洲的整體
政策。因此，1983年7月美國國會通過《加勒比海盆地振興方案》，同
時在1984年1月提出《季辛吉報告》（Informe Kissinger）。

1. 加勒比海盆地振興方案

《加勒比海盆地振興方案》是爲了推動地區的貿易，尋求該地區的
國家能更加融入美國的市場。相反的，《季辛吉報告》的目標更宏偉。
它試圖診斷中美洲的嚴重情勢，評估這些事情如何影響美國的利益，最
後提出建議，以便在美國政界的共識下，擬定整體政策。最後這一項，
應該才是該報告最重要的目標。《加勒比海盆地振興方案》內容重點如
下：除了古巴及法屬安第列斯群島外，來自幾乎所有中美洲及加勒比海
地區國家近4000件產品，在12年內進入美國市場可以免關稅，但是不
包含紡織、鞋子、皮革，鮪魚及石油；四千項商品已足夠讓該地區的出
口快速復甦及多樣化。

但是，該計畫過於樂觀且不切實際。因爲在該地區國家的經濟規模
小、市場支離破碎、企業缺乏經驗、專業勞工不足，以及缺乏效率的官

僚體系,很難期待他們可以快速且正面的回應這個方案。亦即,企業家們似乎很難面對這樣的挑戰。此外,方案本身存在許多不確定的面向。有些國家因沒收美國民眾的財產,或是補貼出口等政治及經濟因素,而無法享受這項方案的優惠。再者,12年的優惠出口時間似乎太短,特別是此方案來自傳統上一直採取保護主義的美國。各方認為,跨國企業將會是該計畫最大的受益者。因為只有他們擁有豐富的美國市場經驗、不可或缺的技術能力,以及為了對抗不確定性所具有的政策影響力。雖然有些國家或當地企業能從方案中獲得重要利益,可是該方案很難成為中美洲長期發展的替代方案。

2. 季辛吉報告

至於《季辛吉報告》是中美洲危機診斷的一部份,該報告認為中美洲的貧窮、壓迫以及貧富不均,其根源在內部情勢,但是卻被來自古巴及蘇聯等境外勢力所利用。這代表美國的國家安全受到威脅,而其解決方式有兩種。其一,提供大額的經濟援助,並配合某些社會改革;其次,提供重要的軍事支援計畫。在第一種方式,美國提出五年期、總額80億美元的經濟援助計畫,並搭配獎學金及技術援助。雖然表面上預算金額龐大,但必須注意該預算也直接幫助私人領域,不會透過受益國家的政府。這種處理方式是為了避免重蹈進步聯盟時期,所導致的政府貪汙,但是這也造成對國家政權的漠視,其後果難料。

在軍事方面,《季辛吉報告》為雷根政府開闢了大道,讓其增加對宏都拉斯及薩爾瓦多的軍事援助以圍堵尼加拉瓜桑定政權,並透過顛覆桑定政權的相關活動,以抑制古巴及蘇聯勢力在中美洲地區的擴張與威脅。該報告是由美國民主與共和兩黨組成的委員會所撰寫,雖然報告通篇充滿協商、援助、軍事安全等外交辭令,但是也讓共和黨對中美洲的政策在美國獲得廣泛的共識。這顯現在1984年美國國會的氛圍中,也顯示在1984年11月的大選中,讓雷根以壓倒性的勝利,連任總統。在經歷多次失敗後,1985及1986年雷根政府也獲得國會通過,大量經濟

援助尼加拉瓜反革命勢力。然而，其他事件則顯示美國建立新的中美洲政策還不穩定，並缺乏連貫性。此外，1986年11月爆發雷根政府祕密銷售武器給伊朗，並運用所得支援尼加拉瓜反革命勢力，反映美國玩兩手策略的危險，也因而飽受質疑。1986年，民主黨在國會勝出，也預示了美國對中美洲政策的大幅調整。不過，從美國利益的觀點來看，從1979年開始的兩難局面，仍然無解。如何面對尼加拉瓜不受歡迎的政府、薩爾瓦多叛亂勢力的持續發展，以及古巴及蘇聯在中美洲地區影響的深度與廣度，而不會讓此地區變成另一個越南，都是美國必須面對的風險。

　　經濟危機及國際對中美洲政治社會改變的回應，都深刻地影響所有中美洲國家。同時，這個地區面對嚴峻的未來，仍存在希望與不確定。但是在探究中美洲的未來前，最好先了解每個國家發展的特性。

第二節　各國的懸殊差異

一、瓜地馬拉的情勢變遷

　　1982年3月，里歐斯・孟特（Ríos Montt）將軍透過軍事政變，在瓜地馬拉取得政權。他在事前沒有仔細規劃、沒有獲得美國駐瓜國大使館的首肯，但是他打破慣例，沒有如同往常在政變成功後，將政權轉移給另一位軍方人士。鎮壓升高、經濟困頓以及在總統大選中公開舞弊，都足以讓其政權失去正當性。前任的賈西亞（Romeo Lucas García）將軍在1978年，也同樣以大選舞弊上臺。但是這些政變者都有自己的獨特說詞，在上臺後，里歐斯・孟特宣布廢除敢死隊，並承諾尊重人權。然而，很快就發現他的演說，事實上隱藏了反叛亂的新策略。他提出新的方式，以取代在一九七〇年代末期於印第安地區為了對抗群眾暴動，所建立的傳統鎮壓方式。

　　軍事行動持續在印第安部落進行屠殺，並強制當地居民大規模遷

村。1978年，首次屠殺行動發生在邦索斯（Panzos）地區，之後在
1981年，又發生12次相同的大屠殺。因此，游擊隊的版圖快速縮減，
手無寸鐵且毫無戰鬥經驗的印第安人就成為滅絕的對象。此外，政府還
成立戰略村以及民眾巡守隊，以管控並安置不受游擊隊活動影響地區的
印第安居民。其結果是造成印第安不同種族的滅絕，以及大約100萬在
瓜地馬拉境內或在墨西哥及宏都拉斯邊境大批的難民。

　　1983年10月，里歐斯‧孟特被另外的軍事政變推翻。這次的政權
更迭，並沒有太大意義。由於領導政變的將軍隸屬於基督教基本教義
派，因此很快地與天主教會的領導階層發生衝突。同時，政變首領對舉
行大選持保留的態度，因此遭到美國國務院的不信任。此外，他不斷
提及土地改革方案，以便將土地分配給安置在戰略村的印第安人；再
者，他唾棄貪腐，雖然只是口頭說說並未付諸行動，但已經讓大地主及
曾經捲入鎮壓活動的老派軍方人士感到害怕。新總統梅西亞斯（Mejías
Víctores）將軍取消宵禁、承諾恢復民主以及與美國密切合作來對抗
共產主義。所以，瓜地馬拉又回到傳統的政治運作。1984年舉行制憲
議會選舉，再次確定此傳統政治運作的模式，但也讓人回想起1958及
1966年總統大選前所曾發生的嚴重情事。

　　在1958及1966年的大選後，將政權移交給不具攻擊性且缺乏改革
意志的反對派，他們被1956及1965年憲法的框架所限制。1958年大選
由伊帝哥拉斯（Miguel Ydígoras Fuentes）將軍當選，他是傳統的保守
派，且初期的戰鬥都受到烏畢科的羽翼保護。他最後集貪汙、父權主
義及鎮壓於一身，然而他的做法並沒有如預期的確保政權的永久與穩
定。此外，1963年的大選活動最後也加速了此情勢。伊帝哥拉斯在群
眾抗爭升溫中，允許阿雷帕洛返回瓜地馬拉，因此很快又發生新的軍事
政變。伊帝哥拉斯被更鐵腕的上校所取代，歷史再度重演。所以又召
開制憲大會，而且在恐怖及鎮壓的氛圍下，最後由反對派贏得1966年
選舉並接掌政權。這次因為有祕密協定，新總統總孟德斯（Julio César

Méndez Montenegro）最終成爲軍方的傀儡。

　　歷史一再重演並不令人驚訝，如同1958及1966年，1985年的總統大選也是在新的憲法下舉行，這次則由反對派基督教民主黨勝出，新總統塞雷索（Vinicio Cerezo）於1986年1月宣誓就職。由於國際形象良好以及具有政治才華，使得他在執政初期有足夠空間來處理艱困的經濟及社會情勢。但是軍方仍扮演決定性的角色，在體制上軍方在各省是「官方機關間的協調者」。這些各省的委員會由軍方指揮官領導，並有其他官方人士加入，此組織最後成爲每個省的最高政治機構。

二、薩爾瓦多的局勢

　　在薩爾瓦多近代史上，動盪的社會不斷重演。1979年的政變是內外環境交織下的產物，但是其根本原因在於游擊隊及民眾反抗活動不斷增加。1979年，尼加拉瓜桑定革命成功，讓許多薩爾瓦多人感到恐懼，但同時也讓一些人充滿希望。所以當羅梅洛（Carlos Humberto Romero）將軍的政權無法治理國家，但又持續鎮壓時，就發生了政變。這時的政變團體是由一群利益不同，卻因爲政治情勢而不得不團結在一起的人士組成，不過他們缺乏中長程的共同理想。當時，在美國大使館的首肯下，軍隊的某些人士、著名的企業家、基督教民主黨及社會民主黨的政治團體，聯合天主教會一起推翻政府。

1. 內政發展

　　新政府的施政著重在三個不同的層面。首先，重建法治、解散鎮壓組織並取消準軍事團體；其次，釋放政治犯或說明政治犯及成千上萬失蹤者的情況；第三，設計大膽的改革計畫，以回應民眾的訴求。然而在掌權幾個月後，這些政變者仍然無法掌控所有的組織。因此，原來的統治階級以及軍方重要部門，很快地組成反叛勢力。最後不但沒有解散鎮壓組織，也沒有說明失蹤者的情況。

　　在1980年的1月及2月，敢死隊又到處興風作浪，造成許多政府公

務人員喪生。而政府宣布外貿及銀行國有化以及實施土地改革。但荒
謬的是，在1980年3月24日，當鎮壓達到高峰時，首都聖薩爾瓦多的
大主教羅梅洛（Óscar Arnulfo Romero）遭到謀殺。因此，當時產生很
重要的政治再聯盟。社會民主黨及部分的基督教民主黨退出政府，並
在4月時聯合其他左派勢力，成立民主革命陣線（Frente Democrático
Revolucionario）。而日漸衰頹的基督教民主黨則成為聯合政府的一份
子。

　　薩爾瓦多政府在城市地區，大肆鎮壓群眾組織，並取消所有的政
治反對勢力。在1980年11月，所有的民主革命陣線領袖都被綁架或謀
殺。因此，游擊勢力布署在農村地區，並形成統一的軍事指揮中心，
稱為馬蒂民族解放陣線（Frente Farabundo Martí para la Liberación
Nacional, FMLN）。政府軍得到美國越來越多得軍事援助，而聯合執
政的基督教民主黨則採取更大的鎮壓行動，但是它比預期的造成更多問
題。統治階級反對改變一切，而軍人則準備迎合統治階級的需求，以便
獲取本身的經濟利益。因此，形成新的貪腐鏈，而大規模的社會改革
計畫則被技巧性地延後或乾脆取消，這在1982至1984年間更是明顯。
1982年3月選出的大多數是極右派政黨的制憲議會成員，他們蓄意破壞
改革、阻止實施第二階段的土地改革以及讓基督教民主黨陷於困境。最
後在美國的施壓下，才避免情勢更加惡化。

2. 土地改革

　　因此，改革的效果非常有限。外貿及銀行國有化提供政府新的且重
要的資源，但是社會改革是否具有成果則與政府的決策，以及政府是否
有堅定的決心，有密切關係。此外，它也深受嚴重經濟危機的影響。相
反的，土地改革有比較重要的成效。在第一階段的土改影響占農業用地
的15%，約500多萬公頃的土地，這代表有300多處的開墾區被徵收及分
配。政府預估這項措施可以造福17萬8000多位工人及其家庭。農人必
須組成合作社，並可以向「薩爾瓦多土地改造協會」申請諮詢及資金協

助。但是土地所有權的轉移以及合作社的全面實施，既費時也需經過官僚體系的層層關卡，因此到1982年底，只完成20多件的土地轉移。

此外，預計第二階段的實施，將會影響100到500公頃的土地；而第三階段則是讓小農擁有最多七公頃耕地的所有權。雖然在1982年，已暫時分配3萬多筆小農土地，但是法律的改革，以及在制憲大會的修正則困難重重。據估計，約有6萬到15萬小農受益。但是這種土改方式無法滿足沒有土地人士的需求。此外，實施第二階段土地改革更是困難重重。它影響利潤最好且最有技術性的企業，這些企業承擔穩定出口業的重責大任。因此第二階段的改革在中短程將會為國家整體經濟帶來災難性的後果。

但是，實施土改最負面的結果就是，政治上的鎮壓，它具有兩個不同的面向。極右派以恐嚇及謀殺罪為回應，這已經造成無數人犧牲，包含美國顧問及薩爾瓦多土地改造協會的高階人員。此外，軍人則是幫凶，因為沒有軍人的直接支持，政府將可能一事無成。在土改過程中，政府常被指控貪腐，而且這也讓土地改革成為對抗反叛勢力的另一個方式。此外，在全面內戰的情況下，只獲得一小塊土地，就代表落實民主或是人類尊嚴的真正進步，著實令人懷疑。因為薩爾瓦多可支配的經濟資源有限，不管實施任何社會體制，要讓所有人擁有土地，幾乎是很不切實際的方案。真正有意義的土地改革，應該是在讓大企業家獲利的同時，也應該積極製造大量的工作機會、大幅提高實質工資、建立社會及勞動保障以及更有效率的社會保險體系。

1980年3月及1984年6月薩爾瓦多政府重組，顯示出政治勢力間角力的結果。一九八〇年代末，馬哈諾（Adolfo Arnoldo Majano）上校政府垮臺。他是一位果斷且真誠的改革主義者，而且從1979年10月的政變起，他就在政壇打滾。他的下臺以及任命基督教民主黨的納波里昂·杜瓦特（José Napoleón Duarte）為臨時總統，顯示出前警衛隊軍人勢力以及美國大使館長久以來的影響力。1982年3月，舉行制憲議會

選舉，並任命臨時政府。選舉結果出人意表，基督教民主黨只獲得相對多數席次，這造成制憲議會受到極右派政黨的控制，而且在臨時政府中，極右派政黨掌控經濟、農業及外貿部，這三個是執行改革方案的關鍵部會。雖然杜瓦特贏得1984年5月的總統大選，但是右派聯盟仍持續控制國會到1985年。美國的支持比以往更不可或缺，以確保軍方的忠誠以及政權的維繫。

3. 游擊勢力

　　游擊隊是另一支重要的隊伍，它是1972至1975年間出現的半祕密群眾團體，後來不斷減少，並在1980年3至11月間幾乎完全消失。他們的示威、罷工及占領都被官方有效率且野蠻地鎮壓。以前游擊隊在農村地區活動，但是從1981年1月的最後反攻後，它已經展示出無庸置疑的軍事力量。軍隊雖然更換指揮官與戰略，以及美國持續供應戰略物資，還是無法獲得徹底的勝利。可是因為缺乏大城市的大規模支持，以及國際上的支持與合作減少，所以游擊組織也無法獲得最後的勝利。1983年，兩位馬蒂民族解放陣線的高階首領在尼加拉瓜首都馬納瓜遭暗殺或自殺也顯示出游擊隊也常遭受士氣不振及內部不和的情事。

　　1985及1986年，綁架及恐怖攻擊再度成為薩爾瓦多游擊隊的行動重心；同時在國際上，民主革命陣線失去政治的空間。這顯示出杜瓦特政權的穩固，以及游擊隊的攻擊力道下降。在1985年，美國超過6億美元的援助則是決定性的因素。如果沒有美國雷根政府政治上的公開支持，薩爾瓦多基督教民主黨的政府也許會是短命的政權；而美國資金的援助，對面臨經濟危機的薩爾瓦多及急需武器裝備及訓練的軍隊，也有如久旱逢甘霖。雖然如此，杜瓦特的政權仍然不是很穩固。杜瓦特仍無法完全獲得軍方的信任，而且對商界而言，杜瓦特仍然是他們的敵人。此外，在1985及1986年間，持續發生多起罷工或工會抗議事件，而且政府常被指控貪汙。

在社會鬥爭方面，三派勢力仍然平分秋色，他們本身都沒有足夠力量以獲取勝利。極右派政黨——國家共和聯盟（Alianza Republicana Nacionalista）的統治階級直率地拒絕任何的讓步，並試圖完全回到過去。在美國明確的支持下，基督教民主黨及軍中的派別，試圖結合改革及鎮壓以改造社會。但是在擊敗游擊勢力後，他們禁止各種群眾活動。馬蒂民族解放陣線及民主革命陣線則主張更激烈的改變，卻沒有足夠條件來施行。除非雙方實力突然改變，否則目前的任何決定，只能由三方坐下來協商。

三、尼加拉瓜桑定政權

在尼加拉瓜，桑定政權企圖建立新的社會。在蘇慕薩政權垮臺到桑定革命成功這些年間，廣大的尼加拉瓜民眾經歷了成功、威脅及困難，對未來依然意見分歧。革命成功後，國家及社會重建是首要之務。很快地，經濟復甦取代戰爭期間所造成的死亡與破壞。1980至1981年間，各種指數都非常有利；生產恢復到1977年的水準；整體投資增加，而且國內生產毛額快速成長。此外，大部分承襲自蘇慕薩政權的外債仍然很龐大；雖然貿易仍是赤字，但經濟仍是屬於穩定成長的階段。然而，內部的政治危機以及與美國的對立，改變了形勢的發展。

1. 美國的干預

從一開始，雷根政府就採取強硬的手段。1981年2月，美國指控桑定政權是薩爾瓦多游擊隊武器的最主要供應者；在4月，則認為尼加拉瓜是中美洲和平的威脅，因此美國政府停止對尼加拉瓜的所有援助。12月，雷根總統批准1900萬美元以支持尼加拉瓜反革命勢力。此外，美國在宏都拉斯建立軍事基地，並舉行強大的海空軍聯合演習。同時，提出預防性措施，在尼加拉瓜北部及海岸地帶，進行威嚇性的包圍。直接行動部隊還包含駐紮在宏都拉斯邊境的前國家警衛隊，以及其他反對勢力，他們從哥斯大黎加邊境，零星地發動攻勢。戰爭的破壞及掠奪，

嚴重影響尼加拉瓜的經濟發展。尼加拉瓜政府估計，1982年因為動亂的損失占出口總值的8%，而1983年該損失則提高到占32%。此外，1983年10月，美國還在尼加拉瓜港口布雷以及攻擊儲油槽，這造成尼加拉瓜更大的損失。

一般認為，中央情報局及美國國防部是對尼加拉瓜攻擊的最主要元凶。此外，此時桑定內部也存在嚴重的政治危機，政府的計畫已經沒有辦法像革命初期獲得很大的共識。1980年4月，當桑定陣線更動具有立法功能的國務委員會成員時，企業家決定退出國家重建委員會，自此企業與桑定組織分道揚鑣。私人企業最高委員會以及天主教會領導階層不停指控桑定政府欲圖專制。因此，從1982年起，因為國內局勢緊張以及外部威脅，尼加拉瓜政治運作相當困難。其結果是，桑定政權為了回應上述的威脅以及欲圖開始獨裁，因此進行新聞檢查、取消對個人的保障以及明顯地增加對政治的控制。

在這波對抗中，政黨扮演次要的角色。桑定陣線源自於群眾運動，並在對抗蘇慕薩政權時不斷重整，後來因為掌握國家機器而更加強化。在此情況下，軍方在桑定陣線很自然地扮演重要角色。此外，桑定陣線的思想基礎都是在革命成功後才建立的。而其他12個政黨的政治光譜涵蓋最傳統的保守主義到最激進的左派思想，但是其中沒有任何政黨在組織、經驗或回應群眾上能引人注目。在蘇慕薩家族長期獨裁下，尼加拉瓜缺乏有實力的政黨是必然的結果。由於政黨代表性不足，因此新聞報及天主教會領導階層就成為桑定政權的最主要的反對勢力。由於反對派在經濟、社會及政治體制的觀念不同，所以很難在選舉時成為統一的陣線。在動員群眾方面，因為思想上的影響與組織能力，天主教會成為唯一能挑戰桑定陣線的組織。不過，它也面臨所謂「大眾教會」（Iglesia Popular）的挑戰，該教會主張為窮人而努力。

2. 桑定政權面臨的問題

　　1979至1980年間桑定革命剛成功時，曾獲得國際的廣大支持，但是之後支持力道下降，原因有二。首先，桑定政權和美國公開對立，而當時美國的外交努力是希望尼加拉瓜能支持其對中美洲的政策。其次，尼加拉瓜內部兩極化，特別是桑定政權與天主教會領導階層與企業家間的衝突；此外，尼加拉瓜的國際形象已經不如革命成功初期。然而，大批的第三世界國家因為尼加拉瓜政府具有民族革命及反帝國主義的特性，仍然很支持桑定政權。再者，雖然許多政黨成員已經表明不贊成桑定政權的作法，但社會主義國際仍然持續支持。當時，古巴、社會主義集團、以及一些拉美國家，是桑定政權最堅定的支持者。古巴及社會主義集團提供尼加拉瓜技術援助、捐贈、借貸、有利的貿易協定、武器設備以及軍事顧問。此外，墨西哥、委內瑞拉、哥倫比亞及巴拿馬則提供重要的外交協助，最後這四國成立康塔多拉集團，以協助尋求中美洲的和平。

　　但是，尼加拉瓜的新樣貌是如何呢？在經濟方面，有兩個重點。第一，發展新的財產及企業管理的方式，以取代市場經濟模式；第二，保證供應國內需要的基本消費產品。此外，對蘇慕薩家族及其親近人士徵收的財務將會成為國家財產的一部份，稱為「人民財產區」。1982年，這部分財產占尼加拉瓜國內生產毛額高達39%。但是必須注意，國家及合作社只在貿易及服務業方面占優勢；而半數以上的農牧業及製造業則仍然掌握在中大型的私人企業手中。從結構上而言，尼加拉瓜當時實施的是混合經濟。危機，特別是政府與私人企業最高委員會的衝突日增，造成私人投資明顯下滑。因此，政府特別試圖保障私人在農牧業的財產。1983年12月，政府宣布，不論規模大小，政府不會徵收正在運作的農莊。另外，政府嚴格管制對外貿易，並推動工人參與不同層級的決策。事實上尼加拉瓜當時還是普遍存在市場經濟模式，而社會集團國家盛行的計劃經濟，在尼加拉瓜則才剛萌芽。經濟遭受攻擊以及國防支

出大幅增加，造成民生必需物資的供給日益困難。此外，商人的投機及
囤積，以及政府無法找到公平分配財富的解決方案，也是重要因素。

　　然而，桑定政權在掃盲運動及改善醫療體系的努力，算是成功。
它大幅改善生活條件，這有利於桑定陣線在政治上動員群眾。不過，失
業及偽裝在貿易及服務業的工作機會，仍然是尚待解決的社會問題。在
落後及低度發展的尼加拉瓜，教育普及、群眾參與以及社會福利依然不
是容易達到的目標。特別是尼加拉瓜正面臨美國等國際社會的圍堵與攻
擊，以及內戰後重建的諸多工作時，則更顯得不容易。

　　桑定革命具有三個主要的意識形態來源。首先是，傳統的桑定主
義，這是源自1927至1933年桑定對抗美國入侵時的主張。他的政治民
族主義及反帝國主義的理想，在大眾的記憶中，一直扮演神話的形象；
其次，桑定政權的「第三世界社會主義」，雖然主要沿襲古巴的經驗，
但也符合亞非國家的革命；第三是，源自解放神學所主張的基督主義的
大眾教會。這三種意識型態共存，說明桑定陣線缺乏獨特且有魅力的領
導人物。不過，也因為意識形態多樣，才能廣納大批民眾的加入。

　　桑定政權有可能發展參與式民主嗎？在桑定陣線內部核心正存在官
僚及威權的趨勢。桑定陣線與國家緊密的關係、軍隊的重要角色、為了
防衛而強化的軍事指揮體系以及古巴統治模式影響日增，都說明了桑定
政權正走向專制之路。此外，長久以來，因為尼加拉瓜缺乏代議制民主
的經驗，因此能否真正實施參與式民主，值得懷疑。再者，反對勢力缺
乏團結，但是桑定派人士也無法在現行體制與重建蘇慕薩主義間，提出
替代方案。奉行蘇慕薩主義的游擊勢力在尼加拉瓜北部及宏都拉斯邊境
處活動。1984年11月的大選後，尼加拉瓜和平展望越來越遙遠。桑定
陣線在大選中勝出，持續鞏固政權，但沒有擴大其合法性。此外，為了
防衛，政府強徵人民當兵，並組織一支有能力防衛的強大軍隊。

　　在1985至1986年間，雷根政府透過經濟禁運以及對尼加拉瓜反革
命勢力提供大量資金及軍事援助，大幅提高對桑定政權的施壓。對內，

桑定政權也更加強硬。1986年6月，關閉新聞報，而且與天主教會領導階層的對立升高。由於受到戰爭影響以及突然的旱災，讓已經困頓的經濟更是雪上加霜。因為戰爭衝突被迫遷移到宏都拉斯邊境的農民，高達25萬人。此外，1986年11月通過的新憲法，重申在1979年建立的基本原則，包含政治多元化、混合經濟以及不進行意識形態結盟。然而，尼加拉瓜的未來，比以往更加依賴各勢力間的協商。

四、宏都拉斯的局勢

　　至於宏都拉斯，在一九八〇年代其地理位置再次攸關國家的命運。從十九世紀起至二十世紀初，宏都拉斯位居中美洲的關鍵戰略位置；但這也是一個弱點，它常遭受瓜地馬拉、薩爾瓦多及尼加拉瓜等鄰國的侵擾及動亂的影響。1980年後，情勢開始改變：當時美國國防部的戰略專家，為了防止桑定革命在中美洲擴散，並沒有付出太多政治成本，就獲得宏都拉斯同意在其國內建立軍事基地、重新武裝宏都拉斯軍隊，以及實施大規模軍事演習。此外，1981年的大選，以及九年軍政府的結束，讓宏都拉斯政府更具合法性。然而事實上，權力仍然落在軍事首長身上，而非依憲法選出的總統。從1982年1月至1984年3月，阿瓦雷斯（Gustavo Alvarez Martínez）將軍，仿效瓜地馬拉及薩爾瓦多的同僚，鐵腕統治宏都拉斯。他是美國的忠實盟友且不照會當時的民選總統，逕自與美國簽屬軍事協定，並且讓國會陷入窘境。此外，他堅定支持駐紮在宏都拉斯邊境的蘇慕薩警衛隊來反抗桑定政權，以及嚴厲追捕來自薩爾瓦多的難民，在這幾年，宏都拉斯國內的非法逮捕、拷打以及失蹤事件也層出不窮。

　　1984年3月，阿瓦雷斯的垮臺具有重要意義，因為主張鎮壓的軍人暫時減少。1985年的總統大選以及當時的政治氛圍充滿庇護主義及個人主義，顯示出宏都拉斯的政治體制一如往常般的不穩定。因此，軍人對政治的影響甚至比過去更大。

五、哥斯大黎加局勢穩定

在其他中美洲國家面臨動盪不安時，哥斯大黎加仍是唯一的例外，政治運作令人訝異的穩定。公眾意見能自由表達，以及人民廣泛信任政府體系能夠解決困難情勢。不過比較麻煩的是與桑定政權的關係。當時，尼加拉瓜非蘇慕薩主義的反對派都在哥斯大黎加尋求庇護，而且受到哥國民眾的支持。哥國大眾媒體一致指出，桑定主義隱藏著危險。此外，哥國與尼加拉瓜邊境，也意外頻傳。然而，哥斯大黎加的外交仍然如往常與美國結盟。哥斯大黎加與宏都拉斯及薩爾瓦多組成「中美洲民主共同體」，藉以孤立尼加拉瓜桑定政權，但此組織在1982年宣告失敗。1983年，哥斯大黎加總統孟赫（Luis Alberto Monge）宣布中立，明確宣示哥斯大黎加不想捲入地區的諸多衝突。1986年總統大選時，主張中美洲和平的阿里亞斯（Oscar Arias Sánchez）當選總統。

經濟危機讓大部分哥斯大黎加民眾的生活品質惡化，此外住宅問題以及某些地區缺乏耕地，也是特別迫切的問題。相反地，教育、衛生及就業，所受的影響較小。政府認為能保障社會和平，即便公共赤字持續增加，仍然值得把大筆預算花在教育、衛生及就業上。從1984年後，經濟獲得某種程度的穩定，其大部分是因為美國慷慨且大筆的資金援助。在經濟顯現嚴重衰退跡象，且須立刻大幅調整時，如何維持在社會及政治上的卓越成就，是哥斯大黎加在未來幾年必須克服的挑戰。

第三節　和平協議

1986年5月24至25日，瓜地馬拉總統塞雷索（Vinicio Cerezo）提出中美洲和平倡議，並廣邀中美洲五國總統齊聚瓜地馬拉的艾斯基普拉斯城（Esquipulas）共同協商。在此次及1987年8月7日召開的第二次會議，又稱第二次艾斯基普拉斯期間，又召開無數次會議，因此逐漸形成聯盟，協商解決中美洲的衝突。此外，歐洲經濟共同體的協調支持、塞

雷索及阿里亞斯在1986及1987年間的外交斡旋、美洲基督教民主組織的施壓，以及拉丁美洲其他國家、特別是透過康塔多拉集團的奔走，都對中美洲和平做出重大貢獻。

一、艾斯基普拉斯會議的成就

在第一次艾斯基普拉斯會議時，建議成立中美洲議會作為常設機構，以解決中美洲的問題。同時，提出必須重啓中美洲整合。此外，建議採行康塔多拉集團所建議的和平方案。雖然最後方案沒有通過，但是尼加拉瓜總統奧特嘉（Daniel Ortega）能出席會議，意義重大。之後數月，瓜地馬拉外交單位表示，如果會議排除尼加拉瓜，他們將不會參與任何協議，並持續堅持並須獲得區域性的解決方案。因此，哥斯大黎加新總統阿里亞斯所提的方案，具有特別的意義。阿里亞斯的方案附和美國的想法，亦即桑定政權必須在政治上多元化，並納入反革命勢力等反對派。但雙方對於如何獲得此目標，所採行的方式不同。阿里亞斯主張必須透過協商而不是藉由武力達成，並認為自由且公平的選舉是保障政府輪替的最佳方式。以當時的情勢，裁軍甚至完全取消軍隊，也是中美洲地區獲得和平的重要條件。

1987年1月15日，瓜地馬拉、薩爾瓦多、宏都拉斯及哥斯大黎加四國總統於聖荷西召開高峰會。會中，阿里亞斯正式提出他的和平計畫，並被認為是可行的方案。在瓜地馬拉總統塞雷索的要求下，與會人士即刻預定下次開會時間，並決定邀請尼加拉瓜總統出席。之後幾個月，阿里亞斯及其外長密集外交穿梭，以期獲得各界支持其和平方案。這方案獲得幾乎所有拉美國家政府的支持，緊接著獲得美洲國家組織及聯合國祕書長的支持。在阿里亞斯出訪歐洲後，1987年5月方案獲得歐洲共同體的支持。但是，在美國則意見分歧；雷根政府反對，但民主黨國會議員則堅決支持。1987年8月6日及7日兩天，中美洲五國總統在瓜地馬拉市開會。與會各國總統宣布簽訂《建立中美洲穩固及永續的和平進程協

議》，又稱《艾斯基普拉斯II》。

　　協議重點如後：1.各國與反對派對話；2.大赦及釋放被逮捕的政治人士；3.成立國家和解委員會；4.規勸停止敵視；5.民主化，包含新聞自由以及廢除宵禁或緊急狀態；6.自由選舉，包含選出中美洲議會代表；7.停止支援非正規勢力或叛亂團體；8.不借用領土攻擊其他國家；9.對武器的安全、查核、控制及限制進行協商、10.緊急關照被遣送回國的難民；11.合作、民主及自由以促進和平及發展，並承諾集體協商以獲得國際社會在經濟上的支持；12.國際查核追蹤協議是否履行。該協議的簽屬震驚世界，甚至中美洲各國本身也感到驚訝。協議簽屬後，雖然某些團體感到懷疑及不信任，但是政府、國際組織、民間團體、政黨、學界以及許多媒體都表現出高度的期許。1987年10月，計畫主要推動者哥斯大黎加總統阿里亞斯，因此獲頒諾貝爾和平獎。

　　《艾斯基普拉斯II》協議已建立執行日程，並預計150天後召開元首高峰會。1988年1月15至16日，在哥斯大黎加阿拉輝拉（Alajuela）舉行高峰會。這是檢驗協議是否執行的首次峰會，並聚焦在尼加拉瓜的問題。然而，在瓜地馬拉及薩爾瓦多都沒有與游擊勢力建立真正的對話。此外，從1987年底到1988年3月，瓜地馬拉軍隊曾大規模攻擊反叛勢力。在阿拉輝拉會議中，奧特嘉同意解除尼加拉瓜緊急狀態、與反革命勢力對話、宣布舉行縣市及中美洲議會議員選舉，而且在簽屬停火協議時提及將大赦。在樞機主教歐班多（Obando）及美洲國家組織祕書長的積極奔走下，1988年3月在哥斯大黎加邊境的薩波阿（Sapoá）簽訂暫時停止軍事行動協議。雖然和平協議在好幾個月後才達成，但是1988年3月後，尼加拉瓜就沒有再發生內戰。桑定軍隊及反革命勢力的地位穩固，只偶而發生一些小磨擦。

二、美國的反應及尼加拉瓜政權轉移

　　對中美洲國家簽屬和平協議，美國甚感驚訝並盡全力阻止該協議的

實施，但是美國很快又捲入新的衝突。很多人在宏都拉斯及美國遭到逮捕，這顯示出尼加拉瓜反革命軍、毒品走私、軍方以及宏都拉斯高層間有密切連結；因此各方不斷質疑，他們以非法毒品走私所得，支持祕密行動以及中飽私囊。所以，與宏都拉斯廣大社會產生的衝突開始出現，並在1988年4月達到危險的情境，當時激烈的民眾示威，火燒美國在宏都拉斯首都的領事館。因此，美國轉向哥斯大黎加施壓。當雷根政府指控費南德茲暗中反對支援尼加拉瓜反革命勢力後，哥斯大黎加駐美大使暨總統阿里亞斯的親信費南德茲（Guido Fernández）在1988年4月，被迫辭職。1988年下半年，和平進程速度緩慢，美國透過國務卿舒茲曾多次造訪中美洲，試圖瓦解和平協議。不過，最後美國只能繼續協商。

　　1989年2月，在薩爾瓦多的太陽海岸召開元首高峰會，再度重燃和平的希望。由於尼加拉瓜受困於經濟危機以及蘇聯即將瓦解，因此會議重點仍是討論尼加拉瓜的問題。奧特嘉宣布提前在1990年2月25日舉行總統大選，並協商由聯合國監督，讓在宏都拉斯的尼加拉瓜反革命勢力能停止活動。隔年，尼加拉瓜完成和平進程，反對派全國聯盟（Unión Nacional Opositora, UNO）以55%的選票贏得大選，而桑定陣線只獲得41%選票。很明顯地，桑定陣線挫敗是因為戰爭及經濟危機所造成。查莫洛夫人（Violeta Barrios de Chamorro）當選總統並渴望獲得國家和解，其政府達成廢除反革命勢力，並逐步裁減桑定軍事力量。

三、薩爾瓦多與瓜地馬拉的和平進程

　　薩爾瓦多的和平之路比尼加拉瓜更漫長也更複雜。1989年1月，馬蒂民族解放陣線提出《將選舉變成促進和平的提議》。其中，要求將原訂於3月舉行的大選延後至9月，以方便馬蒂民族解放陣線能以政黨形式參選。雖然該提議很新穎也代表游擊勢力態度的重大改變，但是卻遭到軍方及右派政黨以違憲的理由拒絕。雖然基督教民主黨相對支持，但是其政治勢力已明顯下降。而且，當時疾病纏身的杜瓦特總統，已經無

心執行計畫,只求倒數計時以便移交政權。

1989年3月19日的選舉,國家共和聯盟黨(Alianza Republicana Nacionalista)以大幅差距勝出。起初,新總統克力斯提亞尼(Alfredo Cristiani)拒絕與游擊勢力協商。但是,1989年11月,馬蒂民族解放陣線在首都聖薩爾瓦多發動激烈攻擊,造成中美洲大學的領導階層、六位耶穌會神職人員遭到謀殺等悲痛的政治後果。這些人士在和平協商上,都扮演關鍵角色。此外,雖然游擊勢力最後遭受挫敗,但暴力活動甚至已經擴及到聖薩爾瓦多的高級住宅區,這顯示反叛勢力仍具有強大火力,而且隨時都有可能再發動另一波攻擊。受威脅困擾以及六位耶穌會神父遭受謀殺導致國際社會的唾棄,薩爾瓦多政府開始嚴肅思考,如何透過協商以達成和平協議。最後,因為聯合國大會提出方案以及其祕書長的奔走下,獲得具體成果。在兩年的協商以及必要的憲法修正後,1992年1月16日,薩爾瓦多政府與馬蒂民族解放陣線在墨西哥簽屬和平協議。在轉型為政黨後,馬蒂民族解放陣線在1983年憲法的框加下,加入薩爾瓦多政治的運作。

在瓜地馬拉其和平進程,從1987年瓜地馬拉政府與游擊勢力在西班牙馬德里舉行的一次會談後至1996年12月,雙方簽屬和平協議,幾乎歷時十年才完成。整個邁向和平的進程,不但進展緩慢而且也曾多次停頓,同時在過程中都無法完全保證最後能否達成協議。其情況類似薩爾瓦多,因聯合國在關鍵時刻介入,促成雙方於1994年重啟和平談判。此外,1990年尼加拉瓜桑定政府和平移交政權,對瓜地馬拉和平進程也發揮極大的影響力。

1989年12月20日,美國快速入侵巴拿馬,藉以罷黜並逮捕國家警衛隊首領諾瑞加(Manuel Antonio Noriega)將軍,再次顯示中美洲的獨立自主空間受限。也顯示美國持續在中美洲扮演國際警察的角色,而且繼續使用二十世紀初提出的巨棒政策。此外,在這個時期還有兩項突出事件值得一提。第一件事情與保守派團體的恢復有關。1989至1990

年，中美洲最保守的政治團體，在多國贏得總統選舉。這些選舉現象顯示出，不論統治階層或中產階級，似乎都傾向於選擇私有化、政府瘦身，以及唾棄一九六〇及一九七〇年代盛行的改革替代方案。第二個主要事件則是，出現比以往更複雜的衝突與協商的組合。雖然暴力的程度比以往稍微減弱，但是衝突雙方的互相承認則有所進展，而且至少信任存在協商的可能性。也許就是因為這種慢慢產生的覺悟，讓雙方能以協商的方式走出十多年來的危機、傷亡及痛苦。在快進入二十一世紀前，建立一個更公平且更繁榮的中美洲，仍需各國共同努力。

第八章

艱困的重建與和平之路
（1991-2000）

　　中美洲的和平是一條漫長之路，從1990年尼加拉瓜開始，接著是1992年薩爾瓦多，最後則是1996年底的瓜地馬拉。然而，簽署和平協議只是意味著在新的社會與政治共存的方式下，開始緩慢的經濟重建歷程。

　　在十年的戰爭與衝突後，中美洲社會的樣貌劇烈改變。軍人不再掌控政府，而且在所有中美洲國家，公民組織蓬勃發展；以往的游擊勢力變身政黨，並積極參與選舉活動。在經濟領域，非傳統出口產品重要性日增，而且政府的影響快速下降。此外，社會結構有更深層的改變；在所有國家，移民造成出現真正的大都會區；薩爾瓦多及瓜地馬拉在美國的移民人數明顯增加。而在瓜地馬拉及尼加拉瓜，戰爭年代導致的社會遷移已經結束，因此必須重新定義種族間的關係。

　　此外，在不到二十年間，一向以農村與農民為主體的中美洲，已經成為以城市化為主的世界，其許多特性吻合1962年馬克魯漢（Marshall MacLuhan）所定義的地球村。再者，對中美洲大部分的人民而言，戰爭的影響還包含貧窮的擴大以及機會不均日增。在此情況下以及沿襲過去的習慣，因此導致暴力及犯罪指數飆升，也就不足為奇了。

第一節　代議制民主與選舉

一、薩爾瓦多的轉型

　　在一九九〇年代，民選政府持續穩固中。他們是經由民主選舉，並逐漸與軍事權力劃清界線。因此，可以說整個中美洲持續遵循哥斯大

黎加的體制模式，其過程卻布滿荊棘。在薩爾瓦多，民主的穩固是因爲根據1992年初簽訂的和平協議，讓馬蒂民主解放陣線轉型爲政黨，以及國家共和聯盟黨的長期執政。國家共和聯盟黨於1981年由道布伊森（Roberto DAubuisson）所創立，其權力核心一直由企業家以及被指控嚴重侵犯人權的退伍軍人組成。反共是其意識形態，並將游擊隊及基督教民主黨視爲敵人。在1982年制憲大會選舉中，它獲得過半數的席次。而且，在1984年總統大選中，道布伊森原是杜瓦特的主要競爭對手。但是，道布伊森與敢死隊的關係，以及它被懷疑主導暗殺羅梅洛神父，遭致國際的唾棄以及美國政府的杯葛。這使得黨內相對清白的克里斯提亞尼以及卡爾德隆（Armando Calderón Sol）的重要性大增。

　　組織一個受到民眾支持的右派政黨，在薩爾瓦多政治史上前所未聞。但在簽訂和平協議後，讓企業家終於能夠輕鬆排除軍人的干政。國家共和聯盟黨黨員及支持者，大多是中產階級及一般大眾。道布伊森透過1969年成立的準軍事組織的網絡以及特別是個人的魅力，動員這些人士。該黨是垂直式的組織架構，並排除軍方高層，其領導階層是忠實且有效率的中間派人士。此外，該黨與創黨時就對其支持的企業界保持聯繫，使得該黨獲得大量且源源不絕的資金援助，而不需依賴民眾的捐助。在1989、1994及1999年，國家共和聯盟黨連續贏得總統大選及國會選舉，這顯示，游擊隊絕對不會受到大部分薩爾瓦多人民的支持。

　　1994年的選舉中，初試啼聲的馬蒂民主解放陣線黨，在84席的國會議員中，當選21席。從簽屬和平協議後，它一直是薩爾瓦多的第二大政治勢力。但是要適應選舉的遊戲規則，卻不是那麼順利。因爲黨內意見分歧，以及不斷與政府妥協過程中所付出的高政治成本。互相妥協是執行和平協議不可或缺的條件。例如：必須讓前游擊隊員回歸一般民眾的生活、解散從前的鎮壓團體，以及建立新的警察體系等。所以，這些都只能透過雙方不斷的讓步與折衝，才能達成。總之，薩爾瓦多的體系是否成功，只有在國家共和聯盟黨將政權和平移交給反對黨時，才能

獲得驗證。

二、瓜地馬拉的改變

在一九九〇年代，瓜地馬拉的政治運作更具衝突性也更坎坷。一直到1996年尾，政府才與游擊勢力簽屬和平協議。但在整個一九九〇年代，軍方勢力還是很少尊重文人政府。此外，政黨無法吸引更多民眾參與投票，這反映在高比率的棄權投票以及制度的穩定性多次遭到嚴重的困境。

1990年1月，塞萊諾（Jorge Serrano Elías）接替塞雷索出任總統，但是其政黨「行動與團結運動黨」（Movimiento para la Acción y Solidaridad）在國會並沒有獲得多數席次。1993年5月，因為物價上揚及政府貪汙情事，民眾舉行大規模示威活動。為此，總統試圖關閉國會，並以命令治國，這導致府會嚴重衝突。面對國際的譴責，6月1日，軍方罷黜總統，而國會則選舉受敬重的律師德萊昂（Ramiro de León Carpio）為總統。上任後，德萊昂繼續修憲，將總統任期由五年減為四年，但爆發新總統與國會間的危機。在1994年8月舉行的國會選舉時，投票率只有20%，而且由前總統里歐斯・孟特所領導的「瓜地馬拉共和陣線黨」（Frente Republicano Guatemalteco）勝出，並由里歐斯・孟特出任國會議長，他認為這是報復的好機會。但是因為憲法禁止曾參與政變的人成為總統候選人，這造成里歐斯成為1990年總統大選候選人的美夢破碎。德萊昂於1995年結束任期，聲名不彰，在處理侵害人權事件上並沒有重要進展，而通常侵害人權都與安全單位及相關組織有密切關聯。

此外，在1993年1月，塞萊諾政府重啟與「瓜地馬拉全國革命聯盟」（Unidad Revolucionaria Nacional Guatemalteca）的和平對話，但進展緩慢；1994年3月，雙方在墨西哥簽署一些協議。然而，這些協議只是確立未來協商的議程，而且有聯合國的積極參與。再者，在1995

年底及1996年初的第一輪及第二回合的大選中，由「全國進步黨」
（Partido de Avanzada Nacional）的富商、黨魁阿爾蘇（Álvaro Arzú
Irigoyen）當選總統，但投票率只有30%。然而最具意義的是議會多數
黨仍是里歐斯・孟特所領導的「瓜地馬拉共和陣線黨」。阿爾蘇政府最
大的特色在於它是瓜地馬拉長久以來第一個文人政府，而且受到企業界
的廣泛支持。上述事實以及薩爾瓦多成功簽屬和平協議的影響，不難理
解在瓜地馬拉能快速重啓和平對話，而且最後於1996年9月在墨西哥簽
訂和平協議。然而，到一九九〇年代末，促成瓜地馬拉游擊勢力完全融
入政治運作、停止壓迫及侵害人權、終止種族歧視，以及軍方接受文人
政府領導等問題，仍有待瓜地馬拉政府逐步克服與解決。

二、尼加拉瓜的轉型

　　雖然在尼加拉瓜和平協議比中美洲其他國家早一步完成，但卻無
法保證在重建過程中也獲得同樣的成果。查莫洛夫人政府面臨桑定陣
線及前反革命勢力間不斷的衝突，前者積極捍衛革命所獲得的重要成
就，而後者則希望桑定陣線能完全解散。罷工、占領工廠，以及聯合
前反革命勢力與桑定陣線成員的示威遊行等社會動盪，迫使政府與桑
定領導階層進行策略聯盟，這導致查莫洛所領導的「全國反對聯盟」
（Unión Nacional Opositora, UNO）的內部產生嚴重的衝突。此外，這
種不穩定的氛圍、國際援助薄弱，以及一九八〇年代初因桑定政權而外
逃的私人資本回流緩慢等情事，都不利於尼加拉瓜經濟的重建。再者，
查莫洛夫人的人格特質也影響甚大。一方面，她個性溫和的祖母形象，
除了有效團結家族勢力，也有助於國家的和平。而另一方面，在管理政
治體制時，其個性則完全相反。她放任擔任總統府祕書長的女婿拉卡約
（Antonio Lacayo），為所欲為，宛如他是內閣總理。雖然，他具有不
錯的政治才華，然而他野心勃勃想成為下一任尼加拉瓜總統，讓已經非
常複雜的尼加拉瓜政情，有如火上加油。

此外，雖然人員編制及預算減少，桑定人民軍持續扮演重要角色。1994年8月，國會通過法案，規定文人政府逐步擁有人民軍高層的任命權。再者，除了「全國反對聯盟」內部爆發危機，桑定陣線也同樣存在嚴重的內鬨。前副總統拉米雷斯（Sergio Ramírez）則帶領一個團體，支持革新及民主化。1994年衝突擴大，並在隔年初驅逐異議份子。桑定陣線的前指揮官奧特嘉，則繼續帶領目前已經成為政黨的桑定革命陣線。

1996年10月的大選則由「立憲自由黨」（Partido Liberal Constitucionalista）的候選人、前馬納瓜市長阿雷曼（Arnoldo Alemán），以49.3%的票率擊敗奧特嘉的39.1%當選總統。雖然對計票有所質疑，甚至試圖重新選舉，但是國際觀選團則認為沒有明顯的舞弊行為，確認選舉結果無誤。此次選舉，桑定政黨的民眾支持率下滑有跡可循；而阿雷曼的勝利則顯示出廣大貧窮及失業選民支持其簡明的承諾以及風趣的個性與放棄威權的作風。至1999年，很明顯地阿雷曼政府沒有為尼加拉瓜帶來經濟復甦，社會衝突的新聞仍然每天充斥各大媒體。這期間有大批尼加拉瓜人移民哥斯大黎加，而且政府經常被指控貪汙。

四、宏都拉斯的變遷

在宏都拉斯國民黨（Partido Nacional）贏得1989年11月的大選，但在國會沒有贏得多數席次。卡耶哈斯（Rafael Callejas）政府上任後，因為美國援助大幅縮減讓經濟雪上加霜，同時面臨軍方不但持續把持國內安全問題，而且還繼續掌控貿易及民眾生活。軍方持續遭指控濫權、貪腐、侵犯人權以及與販毒組織密切連結，這迫使政府不得不介入處理，以及重新大幅釐清與軍方的關係。這個複雜的過程耗時多年，在1991年1月、1993年2月、1996年7月及1999年7月，軍方曾多次動亂要脅，不過在1999年，卡耶哈斯政府還是達成此艱鉅任務。

除了軍事權，宏都拉斯軍方還完全掌控政治及經濟權力。因此，

從1962至1981年間，都由軍方執政，甚至在一九八○年代軍方還繼續全權支配大量的美國援助。此外，在同時間存在的小型游擊團體，幾乎無法真正威脅政府。在一九九○年代，與薩爾瓦多、尼加拉瓜與瓜地馬拉不同的是，在宏都拉斯因為政府與軍方勢均力敵，因此無法擺脫內戰的困擾，也讓社會付出高額代價。再者，於一九八○年代中美洲危機期間，宏都拉斯因為位於美國干涉與中美洲衝突的十字路口，所以為其帶來負面的後果，並留下嚴重的暴力與貪腐。

1994年，自由黨重新執政，並在1998年11月的大選中再次贏得總統寶座。1994至1998年雷伊納（Carlos Roberto Reina）執政時，對於政府掌握軍權的問題獲得重大進展。雷伊納是一位備受尊敬的律師，曾擔任泛美人權法院的法官。不過宏都拉斯的經濟情勢依然艱困，特別是缺乏醫療與住房。且愛滋病罹患率增加住在加勒比海岸的農村居民，其嚴重性不亞於海地和許多非洲國家。再者，1998年10月的米契（Mitch）颶風橫掃宏都拉斯，除了造成人員及財物的嚴重損失，也顯示出該國環境已經遭受嚴重破壞。

五、哥斯大黎加穩固的兩黨政治

在一九九○年代，哥斯大黎加的兩黨政治穩固。1978年成立的基督教社會聯合黨（Partido Unidad Social Cristiana），分別在1990及1998年獲得政權；而民族解放黨（Partido Liberación Nacional）雖承襲在1948至1978年間改革的榮耀，但面臨兩大挑戰：創黨元老消失，以及福利國家的可行性已經耗盡。此外，雖然哥斯大黎加的經濟已經從危機中復甦，但經濟轉型與政治變革一樣，仍然不到位。政治變革還未獲得足夠的共識，因此到1999年還未能落實成具體的協議。再者，讓更多民眾更容易地參與政治、縣市政府有更大的自治權、國會議員候選人初選方式的變革，都是哥斯大黎加政治與社會議題的重要面向。

總之，在一九九○年代，中美洲的代議制民主逐步獲得穩固。其成

功與否取決於能否形成現代化的政黨體系；以參與、協商及保障反對派為基礎的政治文化的發展，以及建立領導階層與普羅大眾間新的互動關係。除了哥斯大黎加，在傳統上，其他中美洲國家並不存在對民主政治體系的集體信任感；而且，經常混淆代議制民主的真正成效。普羅大眾經常認為實施代議制民主，就可以公平分配財富以及獲得社會平等。也許，在經濟繁榮及機會增加時，這樣的錯誤觀念還不至於產生問題。反之，會造成很多人對民主失望，並傾向以獨裁方式來解決所有問題。

第二節　社會的變革

一、人口變遷

　　內戰造成許多中美洲人死亡、流離失所或被迫移民他鄉的悲慘後果，而這些現象對人口結構及變遷有何影響呢？因戰爭與暴力造成死亡率升高，其平均值為瓜地馬拉1/1000、薩爾瓦多2/1000，而尼加拉瓜則為2.4/1000。此外，1980至1985年間，整體死亡率瓜地馬拉及薩爾瓦多皆為11/1000，而尼加拉瓜則為10/1000。這顯示在這三個國家整體死亡率低，而且幾乎沒有受到內戰影響而增加很多。此外，在不到十年間，因戰爭而死亡的人數，薩爾瓦多為9萬人、尼加拉瓜為8萬人，對人口的影響相對低。

　　但是，在移民方面則有明顯變化。移民比率高，瓜地馬拉為6/1000、尼加拉瓜為5/1000，而薩爾瓦多則高達12/1000並且高於淨死亡率。若分析1990至1995五年間的移民率，則顯示其與中美洲危機的發展有密切關係。亦即，內戰造成持續的移民潮與遷徙從數量來看，移民規模遠高於戰爭的死亡。特別是在薩爾瓦多，移出而且沒有回國的現象，改變該國人口年齡的結構。換句話說，中美洲人口改變的真正因素，不是內戰造成的死亡，而是因內戰而導致的往外移民。

　　出生率下降則是另一個重要改變。在薩爾瓦多，婦女平均生育

率，從1983至1988年的4.2個小孩下降爲1988至1993年的3.8個。此外，1992年的人口普查數據顯示，婦女平均生育率爲3.1個小孩；但是，城鄉存在明顯差距，鄉村平均爲4.02個，而在城市則下降爲2.4個。若了解從1975至1980年間，薩爾瓦多婦女平均生育率爲5.7個小孩，就很清楚其變化的幅度。瓜地馬拉及尼加拉瓜的生育率與薩爾瓦多類似，而宏都拉斯生育率則略低。

　　此外，城市化也有重要的改變。1992年人口普查顯示，在薩爾瓦多城市人口約占50.4%。若清楚薩爾瓦多長期以來都是以農村人口爲主，則此數據就顯得特別突出。然而更令人印象深刻的是，大部分的城市人口都居住在首都聖薩爾瓦多的大都會區。根據人口普查，幾乎有150萬人居住在此，約占薩國總人口的29%。總之，因內戰造成的人口遷移，導致城市化及大都會化的現象加速。根據1995年的人口普查，尼加拉瓜的情況非常類似。在400多萬的人口中，有25%居住首都馬納瓜，而整體國家的城市化人口則占54%。而依據1994年的普查，瓜地馬拉則仍保存傳統的樣貌，有65%的人民繼續住在鄉村，而首都人口只占全國的15%。

　　接下來，我們將討論移民美國的問題。根據1990年美國的普查，約有50萬的薩爾瓦多人、20萬的瓜地馬拉人，以及來自其他中美洲國家的移民幾乎有40萬人。當然，這些數據並沒有包含無證移民。薩爾瓦多移民美國人數約占總人口的8%，而且大多集中在洛杉磯市。其人數甚至超過在聖薩爾瓦多市的人口數。此外，瓜地馬拉移民至美國的情況類似薩爾瓦多，也大多居住在洛杉磯。薩國及瓜國移民在洛杉磯所形成的城區，已經是僅次於中美洲各國首都的第二大城市。再者，由於這些移民仍和母國的原生家庭保持密切聯繫，因此情況所導致大量社會文化的交流，不只相當可觀，也非常複雜。其中最引人注目的是，移民匯回母國的大量僑匯。根據薩爾瓦多1992年的普查，有24萬4000多的薩爾瓦多人表示，收到家人從美國匯回的款項，這約占總人口的5%，不

過此數據有可能低估。

二、印第安人的狀況

　　在危機時以及之後，中美洲原住民的重要性日增。特別是瓜地馬拉及尼加拉瓜的原住民，不論在政治或社會方面都有新的發展空間。1994年，瓜地馬拉原住民婦女孟竹（Rigoberta Menchú）榮獲諾貝爾和平獎，這象徵原住民經過艱苦奮鬥所獲致的成果。

　　一九七〇年代，瓜地馬拉原住民在游擊戰略失敗後，開始新的行動。當時，反叛團體成功地在原住民地區發展，而且不久後，瓜地馬拉的內戰規模擴大。同時，種族問題成為衝突的重要因素之一。瓜地馬拉軍隊打擊集中在印第安村落的反叛勢力，並造成恐怖的大屠殺。因此，許多印第安人被迫離開家鄉，逃難至墨西哥及貝里斯邊境地帶，甚至逃到更遠的美國。此外，往首都或大都會區的國內遷移也明顯增加。不過，在1978至1985年間，因內戰及其他因素，瓜地馬拉國內移民受阻。但是從1987年起，因為中美洲簽署艾斯基普拉斯和平協議，以及於1996年完成政府與游擊隊間的和談，並在隔年解散游擊隊，在這種和平的氛圍下，瓜地馬拉又開啟另一波的國內移民潮。

　　然而，在上述情況之外，還存在兩種主要的情況。首先，瓜地馬拉印第安人口成長率高於其他人種。例如，在1980年，印第安婦女的平均生育率為6.5個小孩，而其他人種為5.2個。此外，1994年人口普查顯示，印第安婦女平均生育率為5.4個，而其他人種則只有3.9個。其次，印第安人口的快速成長也說明在瓜地馬拉印歐混血的比例下降中。1994年人口普查顯示，印第安人口占總人口的42.8%，與1981年的41.9%、1973年的43.8%，以及1964年的42.2%，不相上下。不過，在1921年當時印第安人口比率高達65%，但是到1950年則下降為54%。亦即，從一九六〇年代起，印第安人的比率就維持穩定。雖然內戰造成許多傷亡，但內戰後瓜地馬拉印第安人口逐漸成長，也是不爭的事實。未

來瓜地馬拉的種族會更加分裂，還是會像許多學者、或印第安領袖所不斷努力推動，以便讓瓜地馬拉成為「馬雅的國度」，值得吾人關注。

在桑定執政時期，住在尼加拉瓜加勒比海岸的摩斯基提雅（Mosquitias）族，向桑定新政權的政治統制挑戰，因此很快地與桑定人民軍產生嚴重衝突。結果，印第安部落遭到摧毀，並強迫印第安人遷村，這讓人懷疑這些印第安人是否能繼續存在。在1987年簽訂和平協議後，摩斯基提雅族主要的訴求是獲得地區的政治自治權，以及政府承認他們擁有使用土地及天然資源的傳統權利。此外，從一九七○年代起，尼加拉瓜印歐混血農民的耕地，不斷延伸到傳統上由摩斯基提雅印第安人居住的區域。再者，必須注意到與居住在尼加拉瓜太平洋岸地狹人稠的印歐混血人不同的是，摩斯基提雅族所占有的土地都非常廣闊，而且部落也很分散。這支印第安族群其人口占尼加拉瓜總人口數，微不足道。根據1995年的普查，在摩斯基提雅族五歲以上的族人中，只有不到2%的人會說母語。到1999年，有關摩斯基提雅族區域自治權的要求，仍然沒有獲得解決。

三、婦女、信仰與教育的發展

在這個時期，中美洲地區婦女的動員與參與度，普遍上升。這不只是婦女就業率從一九七○年代就開始增加，還包含出現對抗性別歧視的組織、法律上的重要改變，以及婦女擔任公職的比率增加。這種性別關係的改變，方興未艾，而且與之前婦女積極參與政治及社會運動有密切關係。像獲得諾貝爾和平獎的孟竹，以及馬蒂民主解放陣線前指揮官馬丁尼茲（Ana Guadalupe Martínez）都是很好的範例。此外，在一些比較傳統的政黨，也出現這種趨勢的改變。例如，在薩爾瓦多國會議長由國家共和聯盟黨的女議員出任；在哥斯大黎加，從1996年起就出現女性副總統；而宏都拉斯在1997年大選中，國民黨就曾提名前軍人總統遺孀擔任該黨總統候選人。

　　在信仰方面，也出現明顯改變，那就是基督徒越來越多。一九五〇年代，基督徒在中美洲只占5%，但是到一九九〇年代，比率提高到占15%；在瓜地馬拉更超過30%。中美洲的基督教大多隸屬於美國的福音派教會，該派著重對聖經的研讀、不承認天主教徒的教義，而且認為信仰基督才能得到永生。他們密集透過電臺及電視臺傳播福音、在瓜地馬拉以印第安語布道，以及獲得來自美國教會的資金援助以組成活躍的宣教團等，都足以說明在中美洲基督徒日益增加的原因。此外，還有更深層的原因。在政治涵義上，福音派主張信仰基督才能去除個人的罪，也才能得救。同時，它將人們置入休戚與共的團體中，而且不只給人們死後能獲得救贖，而且還能獲得新的尊嚴。最後面這件事情，說明為何中美洲最貧窮與最需要幫助的人，信仰基督教的比率很高。這種深層的信仰改變，讓許多右派政黨在選舉中，獲得更多的支持。

　　在社會變革中，教育私有化也占有重要地位。不過，公立大學仍然壟斷專業人才的培育，在一九五〇及一九六〇年代，在瓜地馬拉、薩爾瓦多及尼加拉瓜，這些人才曾在政治及社會領域，扮演異議者的重要角色。許多熱情的左派及游擊份子都曾在公立大學受教，而且有許多大學生都曾帶領群眾抗議獨裁政權，但是他們也曾遭受無情的鎮壓與迫害。到1980及1990年，私立大學如雨後春筍般大量出現。這主要是在內戰期間公立大學運作欠佳，或是幾乎完全關閉。然而哥斯大黎大學則有不一樣的發展。在哥國，公立大學一直提供有效率及優質的教育，因此學生人數也不斷增加。至於大量增設私立大學現象，則發生在所有的中美洲國家。私立大學擴增的現象指出，在培育專業人才方面，正朝私人興學的方向邁進，並放棄科學與技術的研發，以及未來一般貧困大眾想要念大學會更加困難。事實上，在私大蓬勃發展前，小學及中學私有化已經先行實施，並具有一定的口碑。不過，很明顯的私人興學，將會讓更多民眾無法接受貴族式的各級教育，也宣告中美洲正邁向更不平等的社會。

第三節　發展的挑戰

　　受內戰影響，蕭條的經濟變得更加敗壞。事實上，在一九八○年代，所有拉美國家都遭受同樣的情況。當1982年爆發債務危機時，整體拉美的經濟只成長1%。接下來幾年，墨西哥、智利、祕魯及阿根廷的成長甚至出現負5%至負10%的情況，這比所有中美洲國家都嚴重。除了地區形勢外，這還歸因於國際經濟結構的大幅改變，以及從一九四○及一九五○年代起在拉美實施的發展模式。1990年，蘇聯瓦解及社會主義終結，讓資本主義全球化成為新世代的發展模式。

一、各國的經濟發展

　　從人均國民所得的變化，就可約略看出經濟危機對各國的影響程度。1973至1980年間，哥斯大黎加的人均國民所得倍增，但在1980至1983年間則垂直下降，是中美洲下降最多的國家。而且，一直到1992年才能恢復到1980年的水準。因此，從人均國民所得的觀點來看，很明顯的哥斯大黎加經歷了失去的十年。

　　整體而言，中美洲其他國家也經歷相似的情況。在一九七○年代所得增加，一九八○年代則大幅下滑，到一九九○年代則又相對復甦。然而從一九七○年代起，宏都拉斯的人均國民所得則幾乎停滯，而且中美洲其他國家的人均國民所得，都只有哥斯大黎加的一半。在桑定政權執政初期，其人均國民所得維持穩定，但是在1987年遭受嚴重衰退，讓尼國成為拉美人均國民所得最低的國家之一。而且在一九九○年代初期復甦時，尼加拉瓜人均國民所得仍然在拉美的平均值以下。這種非常緩慢的復甦，若非經濟危機本身的因素，就可能是內戰所造成經濟崩盤的影響。眾所皆知，經濟情勢不佳會導致更大的貧富不均。農村極端貧窮人口，從1980年的53%，增加到1985年的62%。同時間，城市極端貧窮則從26%，上升到37%。

　　從一九六○年代起，中美洲國家採行對中美洲共同市場，實施高

度保護關稅以及對製造業進行補貼的經濟發展模式。亦即，國家高度介入經濟發展，以及國家大力融資補貼傳統的出口業。此外，在國家擔保下，提供大量借貸及吸引外國投資。一九七〇年代末及一九八〇年代初的危機，因為三個因素而變得失控：首先，因為出口產品價格下滑及石油價格上揚所造成的收支失衡；其次，財政赤字急速惡化；第三，外債大幅攀升。還加上1979至1980年開始的內戰，使得中美洲共同市場分崩離析。面對危機，中美洲國家採取兩種解決方案。1.透過民族主義革命，像是桑定革命或1979年末掌權的薩爾瓦多執政委員會，以及後來由杜瓦特領導的基督教民主黨政府所實施的政策；2.哥斯大黎加、宏都拉斯及瓜地馬拉開始實施經濟穩定及結構調整計畫。最後，薩爾瓦多及尼加拉瓜也分別在1989及1990年起，實施經濟穩定及結構調整計畫。

　　民族主義革命強調，國家介入經濟發展，並將銀行及外貿等關鍵性產業國有化，同時加速推動土地改革進程。例如在尼加拉瓜，沒收蘇慕薩家族及親近人士的企業，有助於成立廣大的社會資產部門，它約占國家整體經濟活動的1/3。此外，在1980至1988年間，土地改革重新分配150萬公頃的土地，約占全國農業用地的24%。而在薩爾瓦多，1980年也將銀行及外貿國有化，並實施三個階段的土地改革。第一階段立刻對擁有60公頃以上土地的地主實施土改；而第二階段則在1980至1984年間，針對無法有效耕種或面積小於5公頃的農民。第三階段是針對面積10至50公頃的莊園，但是這項措施從未真正執行。整體而言，尼加土地改革總面積達30萬公頃，約占總農業耕地的21%。然而，這些措施無法避免現存的總體經濟失衡現象，也無法讓經濟永續發展。雖然不能否認內戰對尼加拉瓜及薩爾瓦多經濟發展的負面影響，但是這兩個國家所採取的民族主義經濟政策，也很難撇清責任。因為這種建立在重振內需的政策，初期會帶來正面的效果，但之後則會導致高通膨及經濟嚴重緊縮的現象。

　　因此，一九八〇年代各國紛紛執行經濟穩定及結構調整政策。眾所

皆知，這是美國國際發展總署以及國際貨幣基金組織、世界銀行及美洲
開發銀行等國際金融組織所強加給中美洲國家的改革方案。由於面對收
支失衡、公共赤字飆升或緊迫的外債到期等總體經濟嚴重失衡現象，中
美洲國家不得不求助於上述的國際金融組織。然而，這些組織在核准新
的借貸或展延即將到期的債務時，都提出「穩定方案」，以重建總體經
濟的平衡。方案包含大幅削減公共支出、貨幣貶值以及加稅。在獲得穩
定後，第二步則開始實施所謂的「結構性調整」。這時，國外援助則集
中在推動經濟結構更深層的變革：1.放棄透過進口替代的工業化發展模
式；2.推動非傳統出口產品作為經濟成長的新火車頭；3.消除高關稅、
出口補貼、差別關稅優惠等措施，以開放各國經濟；4.將國營企業及服
務業私有化，以降低政府干預經濟；5.削減公共部門的一般支出及員
額，特別是降低政府對醫療及教育等社會部門的支出。

二、新自由主義政策的得失

　　這個原引自智利以及亞洲四小龍的新型發展模式，起初雖然是國際
金融機構強加的方案，但是最後在中美洲獲得廣泛的共識。到一九八〇
年代末，政治人物、企業家及媒體都贊成這種所謂的新自由主義發展模
式，並擴大到整個拉丁美洲。甚至在1992年時，連一向主張拉美應該
實施內向發展模式的拉丁美洲暨加勒比海經濟委員會都轉向並大力支持
此發展模式。

　　我們可以從這些國家出口項目的改變，來檢視此發展模式在中美
洲產生的成效。雖然各國間情況大不相同，但是非傳統出口產品的重要
性日增是不爭的事實。同時，在一九九〇年代初，此改變的過程逐漸穩
固。此外，解決外債問題也獲得正面的效益。在一九八〇年代高額的外
債，到一九九〇年代幾乎所有中美洲國家都得到豁免並獲得新的融資。
至於人均國民所得，雖然不是所有國家都能達到一九七〇年代末的水
準，但是到一九九〇年代末都有明顯的增加。

　　雖然經濟穩定及結構調整的發展政策在總體經濟獲得成功，但它也造成社會條件的相對敗壞，例如失業率上升、非正規經濟增加，以及醫療條件普遍變差。經濟復甦與轉型的同時，社會則付出高額的代價。

　　在評論經濟危機及其影響時，還須提到兩個重要的面向。首先，移民國外者所匯回的款項；其次，來自毒品走私的洗錢現象，重要性日增。在1992年，薩爾瓦多獲得的僑匯，占出口收入總額的68%；在瓜地馬拉則占出口總額的9%。至於洗錢問題，雖然其重要性無庸置疑，但卻缺乏可靠的數據。而且，毫無疑問的，這個經濟上非正式的行業是經濟危機及內戰的直接產物。與政治及意識型態無關，貪腐擴大、非法走私槍械以及毒品走私等，都是高利潤及祕密行業能穩定發展的溫床。甚至可以說，洗錢效應是非傳統出口的一部份，或者說它是另一種新的發展模式。

　　1983年，配合美國提出的加勒比海盆地振興方案，中美洲國家開始推動非傳統出口產品的政策。之後，簽屬許多雙邊及多邊自由貿易協定，到二十世紀末，中美洲幾乎都朝此方向發展。對中美洲企業家而言，其最大挑戰仍是面臨十九世紀首次農業出口擴張時所產生的問題，也就是如何在世界市場具有競爭力。與當時唯一的不同是，現在具有更多樣性的產品。市場競爭更激烈，而且經常缺乏穩定性，因此正在尋找新的發展模式。不確定的是新的發展模式是否會重蹈過往覆轍，只讓少數人獲利，而犧牲大多數人的權益。

　　接著，我們將探討中美洲天然資源的使用以及環境保護的問題。從一九七○年代起，此問題發生劇烈的改變。原來空曠的中美洲已經逐漸被居民及各項開發所占領，而且天然資源也日益枯竭。從短、中、長程來看，任意的開採天然資源，將對環境造成嚴重衝擊。例如濫伐森林使得水脈及水流量大幅降低，此外也造成不可逆的土質流失。其中最大且直接的影響是1994至1995年間，因為乾旱，宏都拉斯的水力發電大幅降低。此外，1998年10月，宏都拉斯首都遭受米契颶風橫掃，則是另

一個顯明的例子。當時，狂風驟雨造成河流及水道的氾濫與溢堤，摧毀橋梁以及數以萬計的房舍，並造成首都市中心嚴重淹水。雖然在一九九〇年代，因為成立國家公園及保護區，以及官方演說中不斷強調環保意識與永續發展的重要性而稍有改善，但是在二十世紀末及二十一世紀初，中美洲仍然受到天然災害的嚴重危脅。

第四節　未來的承諾

　　自從簽訂艾斯基普拉斯協定後，中美洲各國總統就定期開會商討各項議題。其議程內容，從一開始的和平協議，逐漸轉向區域的永續發展、區域整合、自由貿易協定以及如何處理天然災害等議題。此外，各國也重新討論如何將中美洲整合成一個強大、單一的國家。整合有新的未來嗎？基於一九八〇年代內戰所產生的悲劇，中美洲各國政府新發起的整合構想，最終能否具體落實，只能讓時間來檢驗了。首先，哥斯大黎加一直沒有簽署中美洲議會協定，而且一直沒有發揮其真正功能。此外，各國外交部長不斷宣稱，中美洲應該盡速簽訂整合協議。然而，在充滿外交辭令的宣言中，以及會議中的社交及杯觥交錯外，理想似乎一直都無法實現。

　　從1920至1998年間，中美洲國家的人均國民所得，除了哥斯大黎加將近1000美元外，其他國家幾乎都在500美元以下。更精確地說，在整個二十世紀，中美洲的長期發展趨勢為：一九二〇及一九三〇年代的停滯與危機；從一九四〇年代至1980年，經濟則較為繁榮；但是在二十世紀末的二十年，危機則更加嚴重。唯一例外的是宏都拉斯，該國在一九二〇年代香蕉榮景後，持續將近七十年的長期停滯。此外，一九二〇及一九三〇年代的危機與停滯，在二十世紀下半葉則被農業出口的榮景所取代。在1925年時，中美洲人均國民所得為200美元。如果這是農業出口擴張所帶來的利潤，但是與世界其他地區比較，這數字不

是很高。像小國且不是很工業化的丹麥，在1925年所得爲1200美元，而美國則爲2153美元。到一九五〇年代，中美洲還是停留在200美元，而丹麥及美國則分別達到1922及3211美元。到一九七〇年代末，當中美洲已經經歷戰後農業出口以及中美洲共同市場的榮景時，哥斯大黎加平均所得爲900美元；薩爾瓦多、瓜地馬拉及宏都拉斯大約是500美元。但是，丹麥及美國已經分別是5000及6000美元。經此比較後，可以了解中美洲低度發展的眞正情況。

值得重視的是，哥斯大黎加的成就與其他中美洲國家有很大的區別。從一九六〇年代起，此區別更加明顯。哥斯大黎加的成就，主要歸因於政治的持續改革與成功，在一九二〇年代，哥斯大黎加就比其他中美洲國家優質，則有其他的因素。首先，哥斯大黎加人口稀少、缺乏勞動力，因此迫使該國必須妥善安排生產方式，以提高人均生產力；其次，哥斯大黎加大量投資以培養並提升人力水準。因此，從十九世紀末，特別是一九二〇年代起，哥斯大黎加政府大幅增加對醫療及教育的公共投資。

此外，宏都拉斯的長期停滯也值得吾人關注。宏都拉斯在一九二〇年代末所獲得的人均所得水準，一直要等到一九七〇年代末才慢慢獲得恢復。香蕉出口所獲得的進步是如此輝煌，但也是如此的不穩定，而且沒有其他成功的替代方案。由於長期的經濟停滯，使宏都拉斯成爲拉美最貧窮的國家之一。此外，從一九八〇年代中起，尼加拉瓜人均國民所得劇烈下滑，也是因爲國內外情勢所造成。

最後，經濟表現不佳，會讓政治付出高額的代價。在大部分人民爲經濟而苦惱的氛圍下，很難想像，中美洲的和平之路、和解、區域整合，以及民主政府的鞏固將會如何發展？如果經濟沒有明顯好轉，那麼人民的失望及對政府的信任危機，有可能很快地再出現。

第九章
二十一世紀初的發展與未來展望

　　在1970年後大約三十年間，中美洲曾經歷嚴重的衝突。但是到二十一世紀初，它正面臨全球經濟和地緣政治的重整，而且本區資本主義制度也已達成熟階段。因此，中美洲的政治、經濟與社會發展，更受全球化的影響。而全球化主義能在中美洲發展，主要仍受惠於專制的政治模式，以及舊農業社會。

　　中美洲深刻的變革促成新民主政權的建立，但此體制結構仍然薄弱，並傾向於由寡頭階級統治，而且產生對美國的新依賴模式。在新世紀，美國的目的不只是控制中美洲政府，而是要求其開放經濟以及加劇中美洲對全球貿易新秩序的依賴。在地緣政治層面，美國對中美洲概念的轉變，導致其社會經濟不平等加劇。此外，美國對中美洲佯裝實施代議制民主的行徑視而不見，因為此制度不但有利於中美洲精英階級更長久掌握政治及經濟的運作，也有利於美國的利益。

　　面對全球的局勢，中美洲本身無法自主的產生相互依存的關係，而是受制於美國在拉丁美洲重新建立霸權主義所形成的區域主義。這種全球區域主義的壓力迫使中美洲社會面臨一系列的調整和挑戰，它造成對外不對稱和對內存在巨大的不平等。因此，在面對新的跨國進程時，風險和不利情況增加，並大幅降低跨國進程所提供的機會。在企業主、政黨，甚至公民社會新的表現方式下，寡頭階級及其地方盟友的重組，至關重要。

　　由於中美洲國家的社會結構的變革微不足道，因此經濟與政治秩序的重塑只是表象。體制化不僅從未到來，中美洲政府也無意實現。面對金錢的巨大誘惑，以及令人反感的執政治方式，政黨、政治體制和公民等民主團體的行動，在中美洲似乎無法實現。此外，在二十一世紀初，

由於經濟自由化和市場開放,中美洲出現新的精英階級,並促成新精英和傳統精英的融合。這些精英積極維持和深化新自由主義的經濟模式,然而此模式卻使該地區的貧困情況持續存在且更加惡化。再者,因為中美洲各國能提供參與政治的機會有限,因此社會持續衝突。

　　在新的世紀,雖然中美洲所面臨的情勢比上世紀好,但是仍有諸多狀況令人擔憂:雖然政治穩定及經濟成長,但社會仍然極度不平等;環境破壞的程度令人怵目驚心以及大量民眾無法滿足基本生活需求,到處充斥貧窮及極度貧窮的現象。此外,雖然區域間貿易增加,但中美洲各國出口仍大多數流向發達國家,特別是美國,而更嚴重的是,大多數的出口產品仍為初級產品。再者,雖然中美洲各國基本上和平及民主穩固,但選舉結果的合法性,卻常遭各界質疑。此外,政治貪腐、行政組織缺乏效率、缺乏領袖人物以及缺乏優秀的政經人才,都造成人民不滿,並可能在未來危及中美洲地區民主的鞏固。

第一節　中美洲整合的歷程、問題與前瞻

一、歷史回顧

　　中美洲整合不只是當下的問題,也攸關中美洲國家的未來發展。中美洲國家從獨立後至今,整合就一直被視為加速各國及區域整體經濟及社會發展的替代方案,也被認為是克服低度發展及依賴的良方。中美洲在脫離西班牙獨立及短暫併入墨西哥帝國後,於1823年宣布完全獨立並組成中美洲聯邦,試圖整合,但於1838年瓦解。然而,基於共同的歷史文化基礎、對過去整合的懷念,以及中美洲各國間的戰爭、美國人沃克(Walker)的入侵、英國人的貪得無厭以及美國的干預,促成中美洲國家從獨立初期起到二十世紀上半葉,採取各種措施以建立各種形式的整合。但無論是透過武力、政治或法律途徑,其努力終歸失敗。

　　從1950年起,中美洲整合擴大至政治、經濟、社會及文化等四個

面向。1951年，中美洲五國簽署成立中美洲國家組織（ODECA）憲章，重啓整合意圖。簽署憲章後，透過許多雙邊及多邊協議，朝經濟整合邁進，最後於1960年在馬納瓜簽署中美洲經濟整合總協定（Tratado General de Integración Económica Centroamericana）。一九六〇年代，因爲盛行大量外國投資的發展模式、進口替代政策以及1969年宏都拉斯及薩爾瓦多兩國間爆發的足球戰爭[1]，弱化了中美洲經濟整合的進程。在此期間，拉丁美洲暨加勒比經濟委員會（Comisión Económica para América Latina y el Caribe）及美國都對中美洲經濟整合扮演重要的角色。

　　一九七〇年代，中美洲國家因爲面臨二十世紀以來最嚴重且最持久的政治、經濟及社會危機。經濟問題導致嚴重衰退及金融不穩定；而政治及社會問題則造成一些國家嚴重動亂。再者，一九八〇年代初，尼加拉瓜桑定革命成功、薩爾瓦多內戰以瓜地馬拉的起義等區域的政治暨軍事危機已成爲全球關注的議題。因此，中美洲國家戮力找尋新的政治及經濟整合替代方案，以擺脫危機。從1986年起，中美洲國家藉由舉辦元首高峰會，開啓區域對話歷程，以達到區域的和平和民主，以及調整、更新及活化中美洲的整合歷程。

　　值得強調的是，由墨西哥、巴拿馬、哥倫比亞及委內瑞拉組成的康塔多拉集團（Grupo de Contadora）[2]所提出的方案，對元首高峰會的召

---

[1]　足球戰爭，又稱一百小時戰爭，是 1969 年薩爾瓦多與宏都拉斯之間的戰爭。事實上，足球與該戰爭的關係微乎其微。薩爾瓦多具侵略性的態度，與非法入侵宏都拉斯領土才是導致戰爭爆發的主因。兩國外交關係急速惡化導致戰爭爆發，而雙方的軍政府都期望藉此吸引各自的國民關心政治。雙方的國營媒體都藉機煽動仇視對方人民，最後導致成千上萬的薩爾瓦多勞工被驅離宏都拉斯，其中包含辛勤工作的工人與長期定居的移民。

[2]　康塔多拉集團（Grupo de Contadora）是拉丁美洲反對外來干涉、主張和平解決中美洲爭端而建立的地區性國際組織。1983 年 1 月 9 日，哥倫比亞、委內瑞拉、墨西哥和巴拿馬等四國外長在巴拿馬的孔塔多拉島舉行會議，就解決中美洲爭端問題進行

開，居功厥偉。此外，在支持中美洲區域和平的努力，歐洲共同體在聖荷西會議（Reunión de San José）上扮演重要角色。而長久以來，美國在中美洲區域發展也一直扮演最關鍵性的力量。

　　一九九〇年代起，因為冷戰結束以及中美洲國家大多實行民主制度，這有利於此地區國家採取共同決定，朝區域政治及經濟整合發展。在此新時期，因為政治、經濟及科技加速及深刻改變，世界經濟發展為二次世界大戰結束以來前所未見，同時也促成大型的生產與消費集團的成立。基於上述因素及考量過去經驗，從1990年於瓜地馬拉古城安地瓜的元首高峰會議起，中美洲各國總統決議重整、強化及重啟整合進程，以重新啟動中美洲國家對外開放及生產現代化的新策略。這些想法在1991年簽屬德古西加帕議定書成立中美洲整合體（Sistema de Integración Centroamericana）以及在1993年簽屬中美洲經濟整合總協定（Tratado General de Integración Económica Centroamericana ）而獲得落實。

　　目前，當全球各地都在形成區域結盟，以及中美洲盛行和平與民主，中美洲國家沒有任何理由不面對新的挑戰與機會，以落實區域整合。現今，中美洲整合進程正透過與墨西哥、多明尼加、智利及加拿大簽屬自由貿易協定，以強化其貿易關係。2003年初，開始與主要貿易夥伴美國協商，以簽訂自由貿易協定。同時，也與歐盟開啟協商，以便簽署貿易協定。

二、美國的態度

　　在一九五〇年代初期，美國對中美洲的整合運動只是從旁觀察，沒有直接介入。但是，從1955年起，因為兩個因素，美國政策有所改變。

　　討論與協商，並通過《和平解決中美洲問題倡議》，呼籲中美洲五國在沒有外來干涉的情況下直接談判，要求一切外國軍事顧問從此一地區撤出，停止向這裡輸送武器，並表示願為緩和中美洲局勢、和平解決中美洲衝突，集體出面進行調停。

　　首先，受到新企業部門的支持，中美洲各國向美國要求；其次，在1954年干預瓜地馬拉後，美國官方及企業界深信，人民貧困是中美洲民眾抗爭及共產主義蔓延的主因。此後，加強援助及投資，成為美國對中美洲的新政策。美國透過雙邊或多邊協商，以統一整合的相關組織。後來，美國直接援助整合相關機構，藉以控制這些機構的決策，並阻止中美洲整合進程擁有真正的自主權。

　　此外，1958年，在拉丁美洲暨加勒比經濟委員會的主導下，簽訂整合相關協定，顯示中美洲經濟整合獲得很大進展，這造成美國艾森豪威爾政府對中美洲的整合開始感到有興趣並改變政策。1959年2月，美國國務次卿帝昂（Douglas Dillon）在聲明中指出，整合應該具備的一般條件，如：勞動力、貨物及資金能完全自由流通。美國希望整合能快速建立自由貿易區，並統一對外關稅，取消計畫經濟並尊重市場自由。但是，美國主張取消拉丁美洲暨加勒比經濟委員會所規劃的工業整合的架構，以及以協商的方式逐步取消關稅。

　　事實上，因為美國的介入，拉丁美洲暨加勒比經濟委員會的原始計畫與最後簽訂的中美洲經濟整合協定，有很大的落差。因為，中美洲國家認為美國所提供的一億美金資金，可以加速中美洲經濟的發展，而屈從於美國的建議。從一九六〇年代起，美國接受並推動中美洲的整合，並取代拉丁美洲暨加勒比經濟委員會的主導角色，修正其短程計畫及長期政策，以符合美國的利益。

　　美國對中美洲地區的發展影響很深且持續。一般而言，美國對外政策基於兩大原則。首先，美國認為執行天命論（Destino Manifiesto）是其歷史使命。此外，美國強烈捍衛其在海外的國家利益，但是，在一九七〇及一九八〇年代中美洲危機時，美國的中美洲政策，有很明顯的改變。在一九七〇年代初，雖然當時的美國國務卿要求，應該加強中美洲的協商及經濟合作，但是美國的政策聚焦在支持軍事獨裁政府，以確保中美洲各國寡頭階級以及美國跨國企業經濟的穩定。1977年卡特

上臺，主張人權外交，並認為美國應特別關注中美洲的低度發展及經濟問題。此外，在一九八〇年代，雷根政府透過美蘇東西對抗，積極干預並深化對中美洲的影響力，以避免中美洲淪為第二個古巴。在這段時間，美國除了大量軍事援助中美洲國家，也提出《加勒比海盆地振興方案》，以改善中美洲的經濟發展與貧窮問題。

　　一九九〇年代，由於蘇聯解體、東歐共產集團瓦解、中美洲和平，以及美國內部的問題，中美洲失去美國關注的眼神。雖然此時期美國對中美洲的政策為支持民主的穩定以及加強經貿合作，但是美國對此地區的經濟援助，則從1985至1990年的60億美金，到1991至1996年間則下降為20億美金。至於柯林頓政府執政初期，則埋首處理其國內的經濟及社會問題，而無暇關注中美洲的發展。此後，歷任美國總統也大都以國內發展為優先。

三、整合的問題與前瞻

1. 整合面臨的問題

　　長期以來，中美洲整合都面臨各成員國的總體經濟失衡、各成員國有不同的盤算、哥斯大黎加對整合的疑慮、瓜地馬拉的人口優勢，以及過去及現在經濟都居弱勢的宏都拉斯及尼加拉瓜的躊躇等諸多問題。此外，在整合過程中，農民、工人、學生、知識分子等廣大民眾都沒有參與的機會。當時的整合計畫都由外部勢力及國內菁英份子主導，而且他們都忽略缺乏民眾共識，整合行不通。再者，在整合過程中，各國只是不斷重複改革、重整的決心，但是都無法具體落實。因此，各國總統應揚棄口惠不實的聲明，全力聚焦在可行的方案。拉丁美洲暨加勒比經濟委員會確信，整合的目標不能建立在想要的，而是應建立在方案的可行性。第三，整合本身應只被視為區域發展的工具，不應同時賦予太多的任務，否則將適得其反。第四，原先各國間的比較利益應發展為共享的利益。而且，成員國間應該開始分攤花費及分享利益。此外，應在國

內及區域間尋求共識，財富應妥善分配，不應該集中在少數財團或國家。第五，落實中美洲議會及中美洲法院的功能，以期為整合帶來新的視野。此外，雖然存在問題與各種批評，成立中美洲整合體具有擴大整合進程的面向，也就是將政治、經濟、社會及文化的整合，畢其功於一役。但是，目前的問題在於議題太廣泛，中美洲各國無所適從。最後，整合的過程還面臨許多新的元素，如環保議題、毒品走私、促進觀光發展，特別是國際合作，以及與其他區域整合等問題。

2. 整合的新要素及共識

　　一九九○年代，中美洲因為和平及民主化，重啟整合歷程。在這新世代的整合中，出現一些新的元素。首先，從過去盛行的進口替代及保護主義發展模式，過渡到參與國際貿易的對外成長模式。其次，多明尼加、巴拿馬及貝里斯，從觀察員國，轉為中美洲經濟整合的成員國。第三，中美洲所有國家都是民主政府，各國總統及其政治意向，成為整合進程的主導者。第四，因為國際緊張情勢緩解、實施市場經濟、經濟復甦、國際合作，此氛圍有利中美洲的整合進展。最後，中美洲的轉型存在一些重要的夥伴，像是與加勒比共同體與歐盟的策略聯盟，以及墨西哥、加拿大、中華民國、北歐國家等的協助與支援。

　　目前，原則上所有的成員國都具有以下的共識：1.新的整合不應該回到一九六○年代的中美洲共同市場的舊框架；2.新的整合應試圖融合各國的總體經濟、金融及貿易政策，讓合作更具效率，並讓中美洲在世界市場更具競爭力；3.新的整合不是要讓各國經濟一致化，而是讓其更具互補性，以便中美洲整體在國際市場更有競爭力；4.一九九○年代，成立新的整合機構與體系，不是要疊床架屋，而是為了讓協調更有效率；5.經濟整合是中美洲國家發展，以及更有效率連結國際經濟的最佳選擇；6.經濟整合是各國政策意向，逐步、互補及彈性趨近的過程與結果。雖然所有國家都具有共識，應該盡快讓機構轉型，但卻不知道該做什麼，以及如何進行。

　　進入二十一世紀後，中美洲在1980及1990年所受到的國際關注已經減少。這不只是因為摧毀該地區、撼動地緣政治的軍事衝突結束，更是因為世界各國減少對於發展的援助，以及各國在面對全球化必須注意的新規範所造成。此外，中美洲國家除了應該具備能力，以成功加入新的國際經濟運作外，它還必須強化一些作為，以吸引國際的關注與支援。這些包含：鞏固及強化民主、尊重人權、推動公民參與、法治以及永續發展等。

3. 整合的展望

　　雖然進入二十一世紀後，中美洲各國存在明顯的共識，但仍潛藏一些無法解決的問題。首先，中美洲新的整合方案，沒有明確的時程、目標，也沒有相關的貿易及投資政策。其次，中美洲國家應注意過去所犯的錯誤、目前的處境，以及未來的目標，特別是如何達到此目標。因此，清楚的定義未來的努力方向，是中美洲社會面臨的最大挑戰。而且，中美洲應該有具體的行動，把區域建立成和平、民主及發展的社會。

　　為了避免重蹈歷史覆轍，中美洲應該提出具有長遠的戰略性規劃、適宜的執行方案、改變態度，而且需要有區域的領袖來帶領及推動整合。中美洲各國也應該意識到，坐而言不如起而行，而且實際情形常超越理論或理想。最後，中美洲人也應了解，為了理想與未來發展，應該具備唐吉軻德對抗風車的無畏精神且努力不懈，才能在混亂的世局中，獲得生存與發展的契機；否則在二十一世紀，中美洲依然是美國予取予求的後院。

第二節　經濟發展的問題與前瞻

　　面對全球的關注，中美洲各國表現不佳，特別是尼加拉瓜、宏都拉斯、瓜地馬拉及薩爾瓦多四國，不管是人均國民所得、財富分配、人

文發展、公家機構的可信度、償債能力或環保問題等，表現都不及格。雖然哥斯大黎加的表現優於其他中美洲國家，但仍然遠落後於智利。此外，在市場經濟原則下，薩爾瓦多是中美洲經濟最自由的國家。面對二十一世紀的挑戰，中美洲各國在天然資源、資本及勞動力的準備程度，也值得我們探究與關注。

中美洲的森林資源正遭受快速的破壞，而且人口加速成長，造成人均可耕地大幅減少。除了尼加拉瓜，其他中美洲國家，外國投資都微不足道。哥斯大黎加及宏都拉斯，國內儲蓄占生產毛額的20%。雖然許多中美洲國家第一級產業的勞動力供給還算充裕，第二級的工業勞動力則非常不足。整體而言，面對未來，除了哥斯大黎加，各國的勞動力明顯不足。再者，公共部門的分量，各國有很大的差異。最後，在公共支出嚴重不足的情況下，各國軍事支出仍占有相當的比例。

在本節，我們將探討以下的問題。第一，中美洲會呈現兩種不同景象。其一是貧窮混亂的中美洲，它源自地區目前的情況，並逐漸擴散，甚至可能摧毀任何的進步；另外則是具有特色的中美洲，它可以成功克服二十一世紀的挑戰。這代表未來中美洲會面臨可怕的不確定性以及很兩極化的結果。第二，中美洲與美國關係的發展。農工產品及旅遊業等貿易的往來，以及外國直接投資與非法移民等生產因素的變動。在未來幾十年，中美洲在貿易往來上，能力如何？其困境與機會為何？第三，二十一世紀，美國與中美洲的關係將更關注環保及勞工問題，中美洲應該為此作好準備。第四，全球化透過不同管道影響中美洲各國，我們將分析其收入分配、稅收課徵、內部移民以及毒品走私等問題。

一、中美洲兩樣情

首先，在瓜地馬拉持續存在印歐混血人與印第安人間，以及印第安人彼此之間的衝突。此外，與一九八○年代存在的游擊運動一樣，武力團體擴張到幾乎所有中美洲國家；不像從前的游擊隊要求改變社會狀

況，這些武力團體純粹是犯罪組織。甚至，相對穩定的哥斯大黎加也被迫成立警衛隊，以保護邊境的安全。政治及社會的困難，是經濟及社會發展遲滯的深層因素。而攻擊、綁架及環境污染，葬送中美洲地區的觀光發展計畫。

　　此外，大部分國家的教育水準沒有明顯提升，因此人民只能從事紡織加工出口業；又因為暴力頻傳，此類型加工出口已經遷移至其他地區，造成中美洲大量的失業人口。再者，因為土地都被大小地主搜刮，因此每個國家都暴發人民為爭奪不毛之地而產生的地區性衝突。而且，因為美國發明代糖，中美洲的製糖業在未來幾年將土崩瓦解。此外，也因生物科技的長足進步，而發明咖啡的代用品，咖啡業岌岌可危。

　　中美洲整合雖然一息尚存，但幾乎已經成為歷史，或成為老一輩人士的回憶。也因為每個國家都面臨許多內部挑戰，因此已經沒有餘力奢談整合。而且，每天有成千上萬的中美洲人跨越邊境湧入美國。此外，因為中美洲政府的貪汙揮霍以及缺乏效率，美國、歐盟及許多國際組織已經停止援助，該區已經變成毫無希望的地區。目前，美國唯一持續支持中美洲各國政府的的政策就是控制出生率。美國期待到2040年時，中美洲所面臨的問題就會因為人口減少而獲得解決。

　　另一個則是充滿奇蹟與希望的中美洲。因為近二十年，中美洲經濟成長維持8%至10%，所以它已經成為國際金融市場的新興區域。國外投資者熱衷投資哥斯大黎加，以便出口需要高勞動水準的軟體設備以及其他產品或服務。其他國家則尚未達到同樣的水準，但也因為教育，特別是中等教育的重要改善，已經相對獲得優勢。此外，中美洲也積極發展生態旅遊，這有利於地區觀光收入的大幅增加，以及對天然資源的保護。雖然農業不像從前重要，但仍然是非常具生產力的部門。生物科技的重要進展、環境破壞獲得控制，讓中美洲可能再度成為美國重要的蔬果供應國。因為無地農民可以很容易在農村或城市找到工作，土地已經不再是社會緊張的因素。另外，中美洲左右派雙方積極對話、擁有共識

以及具有相同的改革議程，這有利於政治的發展與穩定。

目前中美洲各國積極提供老人照護，以吸引大批美國退休人員。照護人員雖然需要訓練，但它不需要高階技術人才，很吻合目前中美洲大部分國家的教育水準。再者，中美洲國家可以透過具吸引力的複合式住宅、優質的私人醫院以及最高品質的電信服務，以便這些退休人士與在美國的親人聯絡，這些都有利於此新興照護行業的發展與鞏固。

二、中美洲與美國的關係

中美洲各國都是小規模但卻是開放的經濟體。它與美國的關係主要有兩個面向：貨物及服務貿易，特別是非法移民等生產因素的變動。如果沒有這兩項流動，尤其是貨物及服務貿易的移動，中美洲將重返二十世紀，缺乏技術、教育水準以及資金不足的年代。

中美洲具有相對豐富的天然資源，但是勞動水準卻相對不足。數十年來，其出口主要是農產品，以及近來盛行加工出口。相反的，其進口主要是需要資本密集、複雜及高人力水準的機器設備。因此，在未來的15至20年，此情況很難改變。哥斯大黎加因人力水準相對較高，吸引英特爾公司的投資，其出口產品與鄰國有明顯的差異。未來，中美洲各國應更加重視人力資源的投資，才是解決之道。此外，勞動力資格不足的問題，則可以透過基本訓練來彌補。

在二十一世紀，中美洲農業發展也面臨相關挑戰。首先，從過去依賴單一作物出口，最近出口已經更加多元化。因此，第一個挑戰在於鞏固出口多樣化，以避免過度依賴少數產品，以及讓產品因為專業化而提高其附加價值，進而讓其成為規模經濟。然而對中美洲國家而言，既要多樣化又要專業化，著實不易。但是也不能任其發展就妄想可以成功達標。其次，出口多樣化並無法免除農產品價格的高度不穩定。專家建議，為了穩定相關農產品的價格，中美洲應該朝期貨市場的方向努力。

第三，中美洲應持續關注生物技術的創新。例如，改良種子品質，

以相對提高利潤。而生物技術也可能是兩面刃；持續研發更抗蟲害及貧瘠土地的種子，將會造成環境的持續敗壞。另外，重大的生物技術突破，有可能導向種植需要大額投資的替代性產品。例如，成為代糖的玉米糖漿，已經占有美國糖的1/3市場；而且，肉桂等香料也已經可以在實驗室生產。此外，中美洲各國的製造業以及除了觀光之外的服務業，也都相當落後。

在一九七○年代初，中美洲幾乎不存在觀光旅遊業，後來則大幅發展；但是到一九八○年代初期，除了哥斯大黎加，其他國家因內戰，觀光再度下滑。從一九九○年代起，又再度蓬勃發展，成為中美洲地區未來數十年經濟成長主要的希望。而中美洲觀光業發展樂觀的原因，是因它具有許多明顯的優勢。第一，優美的自然景觀，如海灘、湖泊、熱帶森林等；其次，多元文化，馬雅文化與遺跡；第三，豐富的考古遺址，如蒂卡爾與科潘馬雅遺址。另外，工業國家人民出國旅遊益趨普遍、中美洲鄰近美國與加拿大以及旅遊消費較低等有利因素。

此外，對中美洲國家，發展旅遊具有三個附加的利益。首先，它可以製造大量且不須很高技能的工作機會；其次，它可以有效分散人口集中的現象，因為觀光客偏向往內陸地區旅遊；第三，它能吸引外國資本的長期投資。因此，從一九九○年代起，在中美洲地區不論公私部門，都積極推動旅遊業的發展。例如：大量興建旅館、持續發展新的旅遊產品、重整旅遊的相關機構、中美洲許多國家單邊宣布開放領空、地區航空公司TACA快速成長、各國間更密切的協調，以及提出新的發展策略等。

然而，中美洲發展觀光業仍然存在許多不利因素，例如政治不穩定及暴力事件頻傳。此外，中美洲國家雖然已經發展新的觀光產品，如宏都拉斯的海灘之旅、瓜地馬拉及哥斯大黎加的冒險之旅，或是哥斯大黎加的生態旅遊。但是除了哥斯大黎加，其他國家都缺乏明確的策略以吸引各界的投資。其次，旅館的分布嚴重失衡，像瓜地馬拉城的旅館量偏

多，而馬雅遺跡所在的內陸，則嚴重不足。再者，中美洲其他國家也應學習哥斯大黎加多推動生態旅遊。因為生態旅遊對此地區的天然資源是一種負責任的旅遊方式，不但可以保護環境，還可以改善當地民眾的生活條件。最後，生態旅遊也能吸引美國高齡旅客的青睞。

中美洲國家與美國發展貿易時，也應特別注意並依照美國規定大幅改善其勞動條件。否則，美國可能取消對中美洲國家的最惠國待遇，或以301貿易法規進行制裁。如果中美洲企圖與美國簽訂自由貿易協議，就必須先與美國簽訂勞務協議。另外，美國也非常在意中美洲地區的童工問題，此問題牽涉人權與倫理層面。再者，因為全球化的原因，中美洲地區的勞動市場越來越具彈性，工會組織也因而逐漸降低。另外，美國日益關注中美洲的環保及勞動問題，並致力於將這些問題與貿易協商掛鉤。所以，中美洲國家應特別注意平衡這些問題，以避免落後於其他發展中的國家。

此外，毒品走私也是中美洲與美國必須共同嚴肅面對與解決的問題。中美洲國家並非重要的毒品生產國，但卻是毒品從南美洲運送至美國的重要途徑。目前毒品問題已經深刻衝擊中美洲各國，除了是毒品走私必經之路，還包含洗錢等問題。甚至造成司法體系、警察及軍隊等公部門的嚴重貪腐，以及和攻擊與綁架等犯罪行為密不可分。在南美洲生產毒品以及美國的需求間，中美洲的處境非常尷尬。在毒品方面，中美洲無法掌握自己的命運，它完全取決於生產端與需求方。為了反毒，美國應該持續提供中美洲國家人員、設備及資金，以強化司法、警察等公共機構。同時提供資金以鼓勵農民改種其他作物。此外，美國應該減少貿易障礙，並鼓勵其資本在中美洲投資，以便這些國家擁有其他發展的替代機制。

第三節　二十一世紀中美洲移民的挑戰

一、移民的趨勢及移民者的社會人口特性

　　在一九七〇年代前，中美洲移民主要以內部以及區域間的人口遷移為主，其特色為跨境移民、暫時的，而且以尋找工作為目的。然而從一九七〇年代下半期起，其移民樣貌發生劇烈改變，特別是在有內部衝突的瓜地馬拉、薩爾瓦多及尼加拉瓜。事實上，它也以不同形式影響其他國家，甚至影響北方的鄰居墨西哥及美國。

　　一九七〇及一九八〇年代，衝突中的中美洲國家，其大規模移民有著特殊的環境與動機。而且，國際社會及各相關移民國家都高度關注並採取相關措施，以回應移民者的迫切需求。這些移民團體並沒有直接參與衝突，但是面對衝突時，卻是最脆弱的一群，甚至成為軍隊在執行反叛亂活動時，攻擊的目標。因此，遷移成為他們苟活殘存的策略之一。此外，由於中美洲和平獲得進展，使得因為衝突事件而被迫離開的民眾，能回到自己的家鄉，而政府則需重新安置這些歸國的民眾。如果他們選擇長久留在國外，則須經歷如何完全融入當地社會艱苦及漫長的歷程。

　　通常這些移民會在墨西哥、貝里斯及美國等地，形成明顯的核心居住地區，並建立聯絡網及社區，以利於後面到來的移民者。移居墨西哥及貝里斯的中美洲移民基本上都是農村人口，而且都是舉家遷移。甚至，其成員都是來自文化相近的部落，而且是有計畫移民。從一九八〇年代中期起，不斷出現個人或家庭，前往墨西哥及美國的移民潮。研究顯示，隨著時間的推進，這批移民潮是有系統的大規模移民。此時，移民的主要原因是國內缺乏個人發展及改變社會地位的機會、失業以及必須滿足家人的基本需求等。不過，國內政治不穩定及人身不安全也是重要因素。這時移出者不只來自農村地區，城市往外移民者也大幅增加。

　　在一九九〇年代，這批新移民者的出現，使得原先的難民移民的情

況乏人關注。當時，有些人尋求在國外定居的機會；而選擇回國並尋求安置的難民移民，則對於安置的永續性開始懷疑並產生新的不確定性。雖然，回國者逐漸融入母國的社會、政治及經濟生活，然而他們的生活情況卻類似社會邊緣人，與從前避難至國外時的生活條件有很大的區別。目前，對他們而言，最迫切的是讓他們受教育，並提供生活的基本需求。此外，當時新興的無證移民有兩種類型，一方面是從尼加拉瓜、薩爾瓦多、瓜地馬拉以及宏都拉斯，往北遷移到美國。另一方面，則是從尼加拉瓜往南，移民至鄰國哥斯大黎加。雖然媒體不斷報導，但是移民美國的確切人數，一直都無法真正掌握。不過可以確定的是，移民潮持續且穩定成長。再者，美國政府的人口普查也顯示中美洲移民明顯增加。然而，對占有很大比例的無證移民，美國也無法提出確切的數據。

二、移民者的社會經濟狀況

從一九九〇年代起，經濟因素日益成為中美洲人民外移的主要原因。當時，因為實施新自由主義及全球化，導致嚴重的社會危機並引起中美洲結構性的依賴、貧窮及暴力頻傳。此外，實施新自由主義，中美洲各國政府角色丕變，政府不再承擔社會責任，完全拱手讓給市場決定，所以貧窮及不平等大增。再者，在新自由主義下，中美洲出口原物料的傳統角色再度確立，並在國際勞動分工下，負責輸出廉價勞工。亦即，移民及加工出口區成為當時中美洲的主要工業。另外，中美洲各國的收入，不論是貸款、僑匯、捐贈或外國直接投資都大幅仰賴國外。再者，一些大型跨國企業占據大批土地，猶如對中美洲的再殖民；最後，毒品走私、組織犯罪等，也都讓美國有藉口干預中美洲。

同時，政治不穩定及人民缺乏安全感，也造成經濟發展不佳以及無法提供人民工作及發展的機會，特別是對剛投入勞動市場的年輕人。再者，稍後簽屬和平協定，代表中美洲的情勢趨於穩定，且有利於經濟的復甦以消除民眾的不滿。然而，實際上，如何重新啟動生產，仍存在

許多障礙。因此,無法創造新的投資機會、創造就業機會,以及可能的
發展。所以,人均國民所得無法持續成長,甚至無法恢復到內戰前的水
準。這反映在貧窮情況持續擴大,以及民眾普遍缺乏基本生活所需。

　　整體而言,中美洲的經濟發展並沒有改變生產工具及社會結構。因
此,面對傳統出口產品國際價格的浮動,其經濟持續脆弱。此外,最近
幾年,一向居出口優勢的咖啡也面臨危機,並對某些產區造成不可逆轉
的深度傷害。其次,還包含颶風、暴雨、乾旱及地震等許多氣候現象,
影響宏都拉斯、尼加拉瓜、薩爾瓦多及瓜地馬拉等中美洲最脆弱國家廣
大地區及貧困的民眾。再者,中美洲國家的整合努力,又面臨諸多限
制,而且成果有限。

　　對於中美洲的發展,雖然有一些境外的方案,可能有助於加強中
美洲國家之間的連結,以及建立生產鏈。然而,卻無法確保能夠達成該
目標。例如,中美洲國家個別或小群體與墨西哥簽訂自由貿易協定,但
是因為無法團結一致與墨西哥協商、雙方經濟明顯不對稱,以及自由
貿易是否對雙方產生一致的利益,其結果不見得對中美洲整體有利。
此外,墨西哥政府也積極推動普埃布拉－巴拿馬計畫(Plan Puebla-
Panamá),這是一個基礎建設計畫,希望吸引資金以促進發展、創造
就業機會,並有助於該地區傳統落後村落的起飛與發展。但是,目前其
可行性及可能產生的利益,還備受爭議。此外,還包含與移民密切關聯
的僑匯問題。居住在美國的中美洲人,每年匯回家裡或社區的金錢或物
品,數量相當可觀。最近,僑匯問題雖然引起中美洲國家的重視,但是
它除了滿足原生家庭的基本需求外,目前缺乏永續及有效率的政策,以
引導並有效地將這筆資源運用在國家的發展。

三、移民政策及展望

　　由於墨西哥及美國更嚴格的管制並追捕非法移民,因此為了躲避
這些措施,移民者及仲介者只能被迫不斷更改路線。雖然,傳統路徑與

新的路線同時併行，但是新路線通常比較偏僻及危險。此外，原本可以合法穿越的瓜地馬拉與墨西哥邊境，也因美國的施壓，逐漸採取管制措施。目前，雖然在墨、瓜邊境尚未建立圍牆等實體障礙物與精密儀器，以偵測及逮捕非法移民。但是，其執行方式卻與美墨邊境類似。再者，無法獲得有效支援的移民者，只能選擇更荒郊野外的路徑。那裡沒有任何管制與監視，但缺乏安全保障，所以移民者常遭受到不肖軍警或幫派組織的索賄、攻擊、凌辱或強暴。在墨、瓜邊境的死亡事件，通常都是暴力所造成；而在美墨邊界則常因為氣候因素導致。

中美洲各國政府，特別是移民經過的國家墨西哥及接收國美國，通常都冠冕堂皇的表示，應該尊重移民者的人權。然而，他們所採取的政策卻又常常背道而馳。美國在邊境修築圍牆，以及加派軍警駐守巡邏，不足以阻嚇移民者越過邊境。但是，卻迫使移民路徑遷移至難度更高的地區，這也導致陸續發生死亡事件。

中美洲移民的前景堪憂，而且最近提出的方案似乎還未能翻轉人民外移以尋找更加機會的意圖。解決之道不應該只圍繞在投資基礎建設及吸引投資。因為在中美洲地區存在深層的社會問題，它阻礙中美洲各國或整體區域任何活絡經濟的企圖。目前，中美洲政府如果希望貧窮及極端貧窮的民眾享有現代化的益處，就必須讓他們能真正接受教育、醫療、飲食等的服務。

目前，移民者面臨最大的問題在於不論在移民過程或最後的落腳處，都無法取得相關單位的許可。如果相關政府不採取政策或承擔責任，在路途中或邊境地帶，移民者的基本權利就會持續受到侵害與濫用。此外，在制定移民政策時，應該大幅改變，取消警察管制及追捕的概念，轉而制定合法的移民條例或規定；再者，應該改變觀念，將移民者視為是協助國家發展的動力。另外也應切記，不論移民者的國籍，都應一視同仁善待，避免排外、歧視以及種族主義。

第四節　政治與社會發展的問題與前瞻

　　國際社會不應低估中美洲正在面對的自相矛盾的情勢。一方面,該區有可能是世界上發展中國家中,政治及經濟相對穩定的區域;另一方面,不平等問題及貧窮也是不爭的事實。

一、不平等

　　社會不平等及貧窮仍然是中美洲面臨的主要問題,在1970至1998年間,20%最富有人口的財富,從占整體的50%,上升至占60%,而且此問題顯現在許多社會部門。在瓜地馬拉,80%的印第安人是貧窮人口,而混血人種則有50%。此外,美洲開發銀行認為,性別問題則是另一種不平等。瓜地馬拉41%的成年女性是文盲,而成年男性為26%;而女性死亡率則為中美洲平均值兩倍以上。此外,政治上也非常不平等。雖然,中美洲女性人口約占一半,但是只有少數婦女擔任重要政治職務。在有些中美洲國家,女性國會議員比率不到10%、1/4的部長為女性,而市長也不到10%。

　　不平等造成移民的增加,特別是往美國的移民。中美洲地區從內戰起,因暴力、鎮壓、經濟成長緩慢、天然災害、全球經濟對勞動力的需求等諸多因素,往外移民大幅增加。此外,近四十年來,移民者與國內親人朋友建立的綿密連結,如寄送僑匯、往來旅行、電話連絡、購買國內產品,以及參加僑社等,也讓移民現象持續不墜。

　　在中美洲國家經濟中,僑匯的額度甚至超過任何經濟指數。至少,1/10的中美洲民眾曾收到僑匯,每年總額超過90億美金。僑匯的影響力,可以從幾方面的觀察得知。首先,它有助於減少貧窮,特別是極端貧窮現象。因為,35%的僑匯寄到農村地區;而65%則寄給婦女。而且,它對總體經濟也有重要影響,因為在許多國家其數量超過外國直接投資,或國外對發展的援助,它有效防止經濟衰退。其次,因為越來越多人透過銀行機制匯款,僑匯在金融市場不斷擴充。除了僑匯,移民者

還其他四個重要的跨國活動，包含：觀光旅遊、往來交通、電信以及紀念品的生意，這些都有助於中美洲區域經濟的發展。

二、大眾媒體面臨的問題

目前，中美洲的大眾媒體比以往面臨更多的政治及經濟困境，這與媒體專業化、媒體的獨立性，以及媒體對民主與政治的責任等三個問題相關聯。通常，媒體面臨集中與壟斷的問題，以及媒體與政府互動關係的窘境。雖然，新聞自由是不可以協商的承諾，但媒體需要在新聞自由與媒體責任間取得平衡。然而，在中美洲這種平衡，已經傾向於嚴重損害新聞的品質。在中美洲區域間及各國內，缺乏新聞報導的準則，新聞的製作與報導受限制，而且通常媒體的報導都與國家的實況不同。目前，只有在薩爾瓦多及哥斯大黎加存在專題式的新聞報導，而這才是新聞報導的基本面向。

此外，新聞媒體應該維持獨立的社論及相關報導，而不受財務來源的限制。但是在中美洲地區，媒體很少能維持其獨立性。在瓜地馬拉，電視由一家公司壟斷，而兩家比較大型的報紙，也都由一家企業掌控；在薩爾瓦多，薩爾瓦多電視公司的老闆，控制了全國大部分收視較高的頻道；而在宏都拉斯，中央電視公司控制80%的收視率。由於媒體負責傳播資訊、表達民眾的利益以及善盡批評及監督政府的責任，所以它曾對中美洲的民主化做出貢獻。但是，嚴格而論，此貢獻有限。在中美洲，媒體通常缺乏批判性的報導。此外，報紙的發行大多侷限在城市的讀者，且發行量很低。此外，其他媒體也甚少提供文化性及知識性的報導。再者，有關貪汙的報導，都圍繞涉案人的特質與傳聞，而忽略探究貪腐的根源、制度的本質，也缺乏對事件做廣泛且深入的調查，因此無法發揮警示的作用。

三、政治問題

　　目前，因爲政黨分裂、主政者有系統的濫權與貪腐、國家機構的脆弱，以及民眾對民主機關缺乏信任，幾乎所有中美洲國家都出現治理的問題。此外，每個國家都面臨如何讓民眾了解，民主不只是有規律的舉行選舉。其原因是，重要的政治人物無法支持民主原則；另外，一些機關特別是司法部門，無法獨立運作。

1. 瓜地馬拉

　　1996年，瓜地馬拉簽訂和平協議後及波蒂約執政時，民主化的希望逐步提升。波蒂約試圖啓動改革，並任命印第安人士入閣，但是卻遭到軍方以及國會議長李歐斯‧孟特的強烈反對。當時，國會反對總統提出的社會發展以及去軍事化政策。而去軍事化政策，是爲了加強國家掌握軍隊。當時，軍隊甚至透過恐嚇主政者以及不服從政府的命令，以限制文人政府的權力，並持續左右政府的施政。此外，波蒂約執政時，因總統本人、政府高官以及軍事將領持續遭指控貪腐，導致政府與私人部門及公民社會嚴重衝突。更糟糕的是，政府壓制媒體對貪腐的相關報導。

　　犯罪、貪腐與政治牽連的現象，是威脅政府體制的另一個嚴重問題。這可以從再度出現自我防衛巡邏，看出端倪。自我防衛巡邏是一個準軍事單位，曾在內戰時，涉及侵犯人權事件。雖然，波蒂約政府成立委員會以調查準軍事團體涉及的暴力行爲，但是因爲政府其他部門的反對，委員會沒有獲得重要的進展。之後，政府貪腐仍然頻傳，調查委員會還是發揮不了作用。此外，波蒂約政府還面臨民眾抗議實施自由貿易協定、領土爭議以及礦區緊張情勢上升等問題。

2. 薩爾瓦多

　　至於薩爾瓦多，則是近期才開始緩慢的民主化進程，各政黨試圖透過選舉上臺執政。從2003年起，薩爾瓦多的選舉呈現兩極化，而且

出現高犯罪率。目前，薩爾瓦多被視為中美洲最危險的國家之一；而且，政府無法有效阻止犯罪情事，導致人民對曾連續三屆執政的國家共和聯盟黨不滿。此外，人民的不滿也顯示在社會上層階級雇用私人保全，以維護生命與財產的安全，而這些上層階級原來都是國家共和聯盟黨的主要支持者。民眾認為，私人保全增加代表政府已經無法保護民眾。因此，馬蒂民族解放陣線獲得社會貧窮大眾，以及最受到犯罪影響地區民眾的廣泛支持。然而，馬蒂民族解放陣線內部卻分裂成正統派與革新派。此次分裂，又讓國家共和聯盟黨獲得連續第四次的大選勝利。新政府上臺後，還是沒有解決因實施自由貿易協定所導致的貧窮與移民問題。40%的薩爾瓦多民眾處於貧窮狀態，而且移民持續擴大，估計約13%至40%的民眾移居國外。而且，各種跡象顯示，薩爾瓦多持續面臨社會不安全、經濟停滯以及政治權力集中等問題。

3. 尼加拉瓜

　　至於尼加拉瓜的政治問題，則與傳統政治精英份子試圖長期控制國家政權有直接的關聯。在查莫洛夫人主政的民主轉型期後，桑定民主解放陣線的奧特嘉與自由黨的前總統阿雷曼，於1999年達成協議進行修憲，以便控制國家重要的機構；同時，協議建立兩黨制，以便長期取消其他重要政治團體，此策略深刻影響2001年的選舉結果。操弄政治及遭指控貪腐，導致阿雷曼及其政黨民意支持度下降。此外，如果比較官員非法挪用公款致富以及尼加拉瓜社會的嚴重不均，貪腐的情況則更加明顯。尼加拉瓜的平均月薪不到100美元，但是部長及顧問則月領5000至1萬5000美元，此數字甚至超過私人企業領導階層8000美元的月薪。

　　2001年，博拉尼奧斯（Enrique Bolaños）上臺後，執行反貪腐政策，藉以剷除傳統上尼加拉瓜主政當局濫權的情況。因此，2003年阿雷曼被宣判有罪入獄，並重燃其他政治團體與桑定組織簽訂新協議的希望。2004年，當博拉尼奧斯希望通過一項法案時，政黨間協商修改憲法，包含釋放阿雷曼以及限制總統的權力，但是最後法案沒有通過。因

為國會其他政黨以及司法體系的阻撓，博拉尼奧斯主政期間，幾乎無法通過任何法案。此外，2006年的大選，因為能源危機以及民眾普遍不滿，導致奧特嘉當選總統。之後，奧特嘉又在2011及2016年勝出。

4. 宏都拉斯

在米契颶風後，宏都拉斯的民主政府開始接受試煉。當時，選舉委員會以反對派國民黨傑出候選人馬杜洛（Ricardo Maduro）出生於巴拿馬，試圖取消其候選人資格。不過，在政治及社會領袖密集施壓下，最後才作罷。因此，馬杜洛贏得2001年的大選。但是由於大幅降低新聞及言論自由，宏都拉斯的民主體制遭遇嚴重的挫折。之後，佛洛雷斯（Carlos Flores）執政時，曾多次試圖進行新聞審查，並試圖影響記者及相關報導，儼然他是媒體的大亨。雖然無法讓社會穩定，但是從佛洛雷斯開始，政府持續限制人民的自由，這讓許多公民團體及媒體備感憂心。此外，由於政府向媒體主管施壓，許多著名的記者被迫離職。

此外，宏都拉斯、特別是汕埠的犯罪情況，持續令人擔憂。民眾不斷受到犯罪組織及少年幫派的騷擾及危害，而政府卻束手無策。此外，除了暴力犯罪增加，新政府也面臨民眾不斷的抗爭及罷工，這導致在2006年有許多閣員請辭，也使得總統的施政能力與方針，遭受很大的質疑。再者，媒體也持續報導政府貪腐情事。

總之，中美洲曾經歷反民主的政黨體制、公民社會薄弱，以及脆弱的政府機構等嚴重的政治問題。此外，司法體系不但無法執行法律，本身也頻傳收賄醜聞，已經失去在政治架構中的獨立角色。其次，待遇差且訓練不足的警察，也幾乎無法獲得民眾的信任。再者，因為貪腐不斷增加，造成人民對體制缺乏信任，這顯現在低投票率以及對政黨的不信任。因此，民主化受限，這從瓜地馬拉及薩爾瓦多近期的大選得到驗證。在這兩國，右派政府持續執政，而且幾乎沒有作為。另外，中美洲的情勢仍然受到美國的強烈影響，同時也受制於它們本身的政黨。在傳統上，這些政黨的提名不當，而且決策缺乏深思熟慮。最後，造成政府

的民主化作爲成就有限，以及幾乎沒有任何的社會發展方案。

第五節　主要的挑戰與未來展望

一、主要的挑戰

從一九九〇年代初期起，因爲達成和平協議、舉行自由選舉、國家和解以及強調保護人權，使得中美洲深化其民主轉型。然而，民主及人權持續面對許多挑戰，以至於無法獲得明顯的進展。例如，總體經濟成長緩慢、社會持續不平等、國家機構脆弱、政黨分裂、獨裁主義、社會體制初步發展、不安全日增，以及面對天然災害的脆弱性等問題。

此外，中美洲國家希望透過更多的貿易與投資來提高經濟成長率，以面對全球化的挑戰；然而，經濟成長率持續低迷。雖然，有些國家有成長，但卻無法永續。此外，長期來，中美洲的經濟效益低。在最近45年來，大部分中美洲國家的人均國民所得無法倍增。更糟的是，只有不到25%的人口，其收入相當於人均所得。所以，大部分民眾仍面臨嚴峻的經濟困境，對其生存構成很大的威脅。

再者，政治上也出現多元且複雜的問題。司法機構缺乏效率，並屈服於政治的影響，這導致主政者濫權及貪腐。其次，相關行政及公共工程建設不透明，而且政府推卸責任。此外，政黨運作缺乏民主，並排除青年、婦女以及少數民族的參與。政黨領袖都抱持機會主義，從不考慮社會的需求。同時，他們積極捍衛其傳統的權利及獨裁主義，而犧牲民眾及國家的利益。最後，社會組織依然薄弱，甚至許多非政府組織都無以爲繼。而且，社會機構，像是大眾媒體則受到市場集中、政府干預以及記者專業不足的影響。

二、未來展望

雖然面臨諸多困境，中美洲各國仍然努力進行相關變革。在政治上，民眾已經無法再忍受政府的貪腐與濫權，因此將尼加拉瓜前總統阿

雷曼判刑入監、調查波蒂約總統及其政府官員,以及逮捕宏都拉斯涉嫌
走私毒品的官員。此外,聯合國人權事務高級專員決定在瓜地馬拉設立
人權辦公室,以解決該國的人權問題,以及彌補其薄弱的司法體系。此
外,各國人權辦公室都主張,更公平地處理幫派問題,以避免各國政府
不分青紅皂白地追捕青少年。再者,尼加拉瓜也成立人權辦公室及婦幼
警察局,以協助面臨司法問題婦女的需求。另外,尼加拉瓜人權辦公室
強調,加強與哥斯大黎加的協調與合作,以協助尼國在哥國的移民爭取
權利。

此外,中美洲公民社會的發展有長足的進步,這有利於民眾的參
與,以及非政府組織的數量持續並穩定增加,他們致力於推動社會計
畫。在中美洲,超過40%的非政府組織由女性領導。而在政治機構,女
性領導人的比率則相對低很多。再者,在脆弱的政黨體系下,選民積極
尋找更具代表性且不反民主的候選人。而且,近期棄權投票的現象也正
在降低。此外,隨著社會及政治人物強化人權組織,以及國際的合作,
中美洲保護人權的工作有長足的進步。

大事年表

1502 年	哥倫布第四次航行到達宏都拉斯附近沿海。
1502 年	9 月，哥倫布第四次航行到達哥斯大黎加東部海岸。
1513 年	巴爾柏耳穿越巴拿馬地峽，發現了太平洋。
1520 年	西班牙開始征服中美洲。
1522 年	西班牙聯合遠征隊抵達哥斯大黎加海岸。
1524 年	艾南德斯・柯多華在尼加拉瓜建立里昂及格拉那達城。
1524 年	西班牙征服者建立瓜地馬拉城。
1525 年	西班牙征服者建立聖薩爾瓦多城。
1525 年	西班牙征服者柯爾特斯建立特魯希約及卡巴約港，確定對中美洲地區的控制。
1537 年	西班牙王室授權道明會神職人員前往中美洲傳教。
1543 年	巴拿馬完全取代中美洲，成為橫越地峽的交通要道。
1548 年	西班牙在瓜地馬拉的聖地牙哥城設立檢審庭。
1564 年	西班牙殖民者在哥斯大黎加建立卡爾達哥城，其在中美洲的第一階段征服結束。
1570 年	中美洲可可種植達到全盛時期。
1624 年起	英國開始在加勒比海殖民。
1633 年	英國占領中美洲感謝天主之角。
1640 年起	西班牙海軍在加勒比海遭遇危機，中美洲與西班牙貿易往來困難。
1643 年	英國人摧毀特魯希約城。
1650 年起	靛藍取代可可豆，成為中美洲最主要的農業出口產品。
1655 年	英國占領牙買加，並在中美洲加勒比海岸建立據點
1660 年	海盜洗劫宏都拉斯汕埠。
1688 年	大地震幾乎摧毀瓜地馬拉王國。

1712 年	在恰帕斯高地的聖達列斯發生印第安人大叛變。
1717 年	大地震，瓜地馬拉王國首府的重要建築幾乎全毀。
1733 年	西班牙在瓜地馬拉設立鑄幣局。
1747 年	西班牙稅務改革，強制將印第安部落納入商品交易範疇。
1739－1748 年	西班牙與英國爆發《赫金斯之耳》戰爭，中美洲貿易擴張延後。
1773 年	大地震後，瓜地馬拉首府搬遷到目前的艾米塔谷地。
1778 年	波旁王朝頒布自由貿易命令。
1780 年	英國人試圖掌控聖胡安河的努力失敗。
1786 年	倫敦協議，英國被迫承認西班牙對貝里斯的主權。
1790 年	靛藍生產達到巔峰。
1793 年	西班牙在中美洲成立瓜地馬拉貿易領事館，壟斷貿易。
1794 年	成立「國家之友經濟協會」，1799 年被查禁。
1797 年	西班牙當局被迫允許中美洲各地與中立國貿易。
1800 年	德國人將咖啡種植傳入中美洲。
1812 年	西班牙頒布近乎烏托邦主義的加地斯新憲法。
1815 年	西班牙國王費南多七世宣布恢復對印第安人徵稅。
1818 年	中美洲將貿易對象轉向在貝里斯的英國商人。
1820 年	自由派革命重建憲法，再度取消對印第安人徵稅。
1821 年	西班牙的壟斷貿易瓦解。
1822 年	1 月，中美洲獨立後，短暫併入墨西哥帝國。
1822 年	12 月，薩爾瓦多共和派人士，宣布希望成為美國的一州。
1823 年	墨西哥帝國瓦解後，中美洲地區組成聯合省。
1823 年	7 月，各國在瓜地馬拉城召開代表大會，宣布中美洲完全獨立。
1824 年	11 月，通過新憲，新的共和國稱為「中美洲聯邦」。
1825 年	4 月，成立第一屆聯邦議會。

1825 年	英國以聯邦債務為藉口,干涉中美洲。
1829 年	在莫拉桑將軍帶領下,自由派獲勝。
1830 年	發現宏都拉斯科潘馬雅遺跡。
1830 年代	哥斯大黎加咖啡快速發展。
1834 年	中美洲聯邦國會再度推舉莫拉桑為總統。
1837 年初	中美洲爆發可怕的流行性霍亂。
1838 年	中美洲聯邦瓦解,各國紛紛獨立。
1840 年	3 月,卡瑞拉推翻莫拉桑,為中美洲史上最混亂與複雜的時期。
1840 年代	中美洲盛行分離主義。
1840－50 年	英國占領宏都拉斯北部沿海部分領土和島嶼。
1842 年	9 月,莫拉桑在哥斯大黎加聖荷西遭到槍決。
1843 年	英國宣布尼加拉瓜的莫斯基提雅島是其保護領地。
1844 年	瓜地馬拉國民大會封卡瑞拉為「功勳彪炳的元首暨將軍」。
1846 年起	薩爾瓦多開始種植咖啡。
1848 年起	加州淘金熱讓已經混亂的中美洲更加動盪不安。
十九世紀下半葉	中美洲自由思想遭遇重要的轉型過程。
1850 年	美國與英國簽署克萊頓－布爾沃條約。
1851 年	1 月,薩爾瓦多的巴斯孔塞羅斯與宏都拉斯及尼加拉瓜形成聯盟。
1852 年	英國占領宏都拉斯灣的巴伊亞島。
1854 年	教皇封卡瑞拉為瓜地馬拉終身總統。
1856 年	5 月,美國國務院承認沃克在尼加拉瓜成立的政府。
1857 年	5 月,尼加拉瓜擊敗沃克的軍隊,保守派勢力在中美洲達到巔峰。
1858 年	尼加拉瓜政府建立馬納瓜為新首都。

1859 年	英國將所占領的土地歸還宏都拉斯。
1859 年	卡瑞拉承認英國占領貝里斯。
1868 年	薩爾瓦多創建中美洲的第一所軍官學校
1860 年代	巴拿馬跨洋鐵路完成，開啓中美洲出口更好的前景。
1870 年代	自由派在中美洲掌權。
1870 年代	香蕉業開始在中美洲發展。
1871 年	瓜地馬拉自由派革命成功。
1873 年	瓜地馬拉成立中美洲第一所科技學校。
1884 年	美國與宏國簽訂條約，規定美國公司享有租用鐵路和香蕉種植優先權。
1890 年－1933 年	宏都拉斯的政治經歷最複雜的動盪期。
1893 年	以聖多斯・賽拉亞為首的自由派在尼加拉瓜執政。
1894 年	尼加拉瓜從英國手中收回對莫斯基提雅島的控制權。
1899 年	美國在中美洲成立聯合果品公司。
二十世紀初	美國在中美洲大力發展香蕉等熱帶水果生產。
二十世紀初	咖啡出口讓中美洲經濟持續成長並與世界市場接軌。
二十世紀初	捍衛巴拿馬運河的安全是美國對中美洲外交政策的重心。
二十世紀初	美國提出的巨棒政策，對中美洲直接軍事干預。
1907 年	中美洲各國簽訂《1907 年條約》，試圖終止各國間的衝突。
1909 年	尼加拉瓜與美國外交嚴重磨擦，保守派推翻了賽拉亞政府。
1912 年	美國介入及干涉尼加拉瓜，甚至海軍已進駐接管。
1912 年	薩爾瓦多仿照西班牙民警，成立國民警衛隊。
1913－1927 年	孟連德茲－基諾涅斯單一家族，連續擔任薩爾瓦多總統。
1914 年	巴拿馬運河通航，美國積極介入中美洲的政治與經濟事務。

1916 年	美國與尼加拉瓜簽訂的布萊恩─查莫洛協定，允許美國擁有建造穿越尼加拉瓜運河的永久權利。
1917 年	12 月，瓜地馬拉大地震。
1917 年	哥斯大黎加政變，蒂諾科上臺執政。
1922－1933 年	美國海軍常駐尼加拉瓜及瓜地馬拉。
1923 年	美國與中美洲五國簽署《華盛頓協定》。
1924 年	哥斯大黎加希梅涅斯總統將保險國有化。
1924 年	薩爾瓦多成立勞工區域聯合會。
1925 年	薩爾瓦多政府逮捕及槍殺剛成立的共產黨領導人馬諦等諸多領袖。
1926 年	美國海軍陸戰隊重返尼加拉瓜。
1929 年	中美洲勞工代表團參與在烏拉圭首都蒙特維多舉行的拉丁美洲工會代表大會。
1931 年	德國人掌握瓜地馬拉 10% 的咖啡莊園，但產量卻占 40%。
1931 年	摩拉‧巴爾維德創建哥斯大黎加共產黨。
1931 年	2 月，瓜地馬拉大選，烏畢科將軍贏得大選，並鐵血統治到 1944 年。
1931 年	12 月，薩爾瓦多發生政變，副總統兼戰爭部長赫南德茲‧馬丁涅茲將軍接掌政權。
1932 年	美國協助成立國家警衛隊，並承諾退出尼加拉瓜。
1932 年	政府鎮壓叛亂，終止將農民融入薩爾瓦多文化的理想。
1940 年	哥斯大黎加才出現意識型態較明確的政黨。
1941 年	在美國施壓下，薩爾瓦多才追隨美國向德義法西斯宣戰。
1942 年	哥斯大黎加總統卡爾德隆總統採行社會法，恢復工會、產黨及天主教會的權力。

1944 年	烏畢科及赫南德茲‧馬丁涅茲垮臺，標誌中美洲進入新時代。
1948 年	哥斯大黎加發生短暫的內戰。
1949 年	哥斯大黎加廢除軍隊。
1949 年	瓜地馬拉土地改革，無地的印第安民眾取得土地。
1949 年起	歐索里鷗軍政府開始改革薩爾瓦多。
1950 年	宏都拉斯開始軍隊專業化。
1950 年代初	美國對中美洲的整合運動只是從旁觀察，沒有直接介入。
1950 年代	尼加拉瓜棉花出口快速擴張。
1950 年代	棉花種植，成為中美洲新的出口產品。
1951 年	中美洲各國成立中美洲國家組織，重啓整合意圖。
1951 年	阿本斯上校成為瓜地馬拉的新總統。
1952 年	6 月，阿本斯頒布土地改革法引發瓜地馬拉社會衝突。
1954 年	美國干涉瓜地馬拉。
1954 年	6 月，瓜地馬拉總統阿本斯被迫辭職。
1954 年後	瓜地馬拉的政權大多由軍人主導。
1955 年起	美國對中美洲的整合運動的政策改變。
1956 年	尼加拉瓜強人蘇慕薩遭到暗殺。
1958 年	在拉丁美洲暨加勒比經濟委員會的主導下，中美洲簽訂整合相關協定。
1958－1959 年	中美洲各國簽定多邊自由貿易協定。
1950 年末	宏都拉斯香蕉工會已經成為中美洲最先進的工會組織。
1960 年	中美洲各國在馬納瓜簽署中美洲經濟整合總協定。
1960 年代	肉品及蔗糖出口，成為中美洲新的出口產品。
1960 年代	中美洲，盛行大量外國投資及實施進口替代政策。
1960 年代起	美國接受並推動中美洲的整合。
1961 年	中美洲共同市場成立。

1963 年	瓜地馬拉、宏都拉斯及尼加拉瓜軍方簽屬協議，成立中美洲國防委員會。
1963 年	宏都拉斯軍事政變終結維耶達的執政。
1967 年	瓜地馬拉作家阿斯圖里亞斯榮獲諾貝爾文學獎。
1969 年	宏都拉斯與薩爾瓦多爆發著名的「足球戰爭」。
1970 年代	中美洲國家因為面臨二十世紀以來最嚴重且最持久的政治、經濟及社會危機。
1972 年	尼加拉瓜大地震摧毀首都馬納瓜。
1977 年	卡特上臺，主張人權外交，認為美國應特別關注中美洲的低度發展及經濟問題。
1978－1983 年	中美洲貿易平衡持續出現赤字。
1979－1980 年	尼加拉瓜桑定革命剛成功時，曾獲得國際的廣大支持。
1979 年	在美國卡特政府的支持下，薩爾瓦多軍事政變成功。
1979 年	7 月，尼加拉瓜革命成功，蘇慕薩家族統治瓦解。
1980 年代	中美洲各國實施經濟穩定及結構調整政策。
1980 年代	雷根政府透過美蘇東西對抗，積極干預並深化對中美洲的影響力。
1980 年	3 月，首都聖薩爾瓦多的大主教羅梅洛遭到謀殺。
1980 年	4 月，尼加拉瓜桑定陣線成立國務委員會。
1980 年	11 月，薩爾瓦多所有的民主革命陣線領袖都被綁架或謀殺。
1981 年	道布伊森創立薩爾瓦多國家共和聯盟黨。
1981 年	2 月，美國指控桑定政權是薩爾瓦多游擊隊武器的最主要供應者。
1981 年	4 月，美國指控尼加拉瓜是中美洲和平的威脅。
1982 年	中美洲的國內生產毛額成長持續下滑，出現負成長。
1982 年	3 月，里歐斯‧孟特將軍軍事政變，在瓜地馬拉取得政權。

1983 年	哥斯大黎加總統孟赫宣布中立。
1983 年	1 月，哥倫比亞、委內瑞拉、墨西哥和巴拿馬等四國外長在巴拿馬的康塔多拉島舉行會議，以解決中美洲爭端問題。
1983 年	7 月，美國國會通過《加勒比海盆地振興方案》。
1983 年	10 月，美國在尼加拉瓜港口布雷並攻擊儲油槽。
1983 年	12 月，桑定政府宣布，不會徵收正在運作的農莊。
1984 年	1 月，美國對中美洲情勢提出《季辛吉報告》。
1988 年	4 月，民眾示威，火燒美國在宏都拉斯首都的領事館。
1984 年	10 月，美國支持薩爾瓦多交戰雙方對話。
1980 年代中	瓜地馬拉旅遊業快速發展。
1980 年代中起	尼加拉瓜人均國民所得劇烈下滑。
1980 年代中起	中美洲出現往墨西哥及美國的移民潮。
1985－1990 年	美國對尼加拉瓜實施經濟封鎖。
1985 年	美國大量經濟援助尼加拉瓜反革命勢力。
1986 年	主張中美洲和平的阿里亞斯當選哥斯大黎加總統。
1986 年	5 月，瓜地馬拉總統塞雷索提出中美洲和平倡議。
1986 年	6 月，桑定政權關閉新聞報，並與天主教會高層對立升高。
1986 年	11 月，桑定政權通過尼加拉瓜新憲法。
1987 年	1 月，瓜地馬拉、薩爾瓦多、宏都拉斯及哥斯大黎加四國總統於聖荷西召開高峰會，阿里亞斯提出和平計畫。
1987 年	8 月，召開第二次艾斯基普拉斯會議。
1987 年	10 月，中美洲和平計畫主要推動者哥斯大黎加總統阿里亞斯，榮獲頒諾貝爾和平獎。
1988 年	3 月，簽訂和平協議後，尼加拉瓜停止內戰。

1989 年	1 月，薩爾瓦多馬蒂民族解放陣線提出《將選舉變成促進和平的提議》。
1989 年	2 月，在薩爾瓦多的太陽海岸召開元首高峰會，再度重燃中美洲和平的希望。
1989 年	3 月，國家共和聯盟黨以大幅差距贏得薩爾瓦多大選。
1989 年	11 月，馬蒂民族解放陣線在首都聖薩爾瓦多發動激烈攻擊。
1989 年	11 月，宏都拉斯國民黨贏得大選，但在國會沒有過半。
1989 年	12 月，美國入侵巴拿馬，中美洲的獨立自主空間受限。
1989－1990 年	中美洲保守派政治團體，在多國贏得總統選舉。
1980 年代末	中美洲開始實施新自由主義發展模式。
1990 年代起	中美洲國家大多實行民主制度。
1990 年代起	中美洲觀光旅遊業，再度蓬勃發展。
1990 年代起	經濟因素日益成為中美洲人民外移的主要原因。
1990 年代	哥斯大黎加兩黨政治穩固。
1990 年代	幾乎所有中美洲國家都得到外債豁免並獲得新的融資。
1990 年代	由於蘇聯解體、東歐共產集團瓦解、中美洲和平，以及美國內部的問題，中美洲失去美國關注的眼神。
1990 年代	中美洲因為和平及民主化，重啟整合歷程。
1990 年	中美洲各國總統於瓜地馬拉古城安地瓜舉行元首高峰會議，決議重整、強化及重啟整合進程。
1990 年	尼加拉瓜開啟中美洲的和平之路。
1990 年	查莫洛夫人當選尼加拉瓜總統，為拉美第一位女性總統。
1990 年	2 月，尼加拉瓜舉行大選，反對派全國聯盟贏得大選。
1992 年	1 月，薩爾瓦多簽訂和平協議，邁向和平民主的進程。
1992 年	轉型為政黨後，馬蒂民族解放陣線加入薩爾瓦多政治運作。

1996 年	10 月，「立憲自由黨」的候選人、前馬納瓜市長阿雷曼擊敗奧特嘉，贏得尼加拉瓜總統大選。
1996 年	12 月，瓜地馬拉政府與游擊勢力簽屬和平協議。
1998 年	10 月，米契颶風橫掃宏都拉斯。
1998 年	11 月，宏都拉斯自由黨再次贏得總統寶座。
2000 年	墨西哥與瓜地馬拉、薩爾瓦多及宏都拉斯簽屬自由貿易協定。
二十一世紀初	由於經濟自由化和市場開放，中美洲出現新的精英階級。
二十一世紀後	中美洲在 1980 及 1990 年所受到的國際關注大幅減少。
2001 年	1 月，薩爾瓦多以美元為通用貨幣。
2001 年	貝里斯加入中美洲整合體系。
2001 年初	薩爾瓦多發生大地震。
2003 年起	薩爾瓦多的選舉呈現兩極化，而且出現高犯罪率。
2003 年初	中美洲開始與美國協商，以簽訂自由貿易協定。
2003 年	4 月，哥斯大黎加取消憲法總統不得連任規定。
2004 年	多明尼加加入中美洲整合體系。
2004 年	墨西哥成為中美洲整合體系的區域觀察員。
2004 年	西班牙成為中美洲整合體系區域外觀察員。
2004 年	8 月，中美洲及多明尼加與美國簽訂自由貿易協定。
2005 年	9 月，瓜地馬拉與中華民國簽屬自由貿易協定。
2006 年	11 月，奧特嘉重新贏得尼加拉瓜總統大選。
2007 年	6 月，哥斯大黎加與中國建交，並與中華民國斷交。
2009 年	3 月，馬蒂陣線首次贏得薩爾瓦多總統大選。
2009 年	6 月，宏都拉斯罷黜並驅逐總統賽拉亞。
2009 年	10 月，尼加拉瓜憲法法庭，取消憲法 147 條總統、副總統及市長不得連任規定，讓奧特嘉能再度競選總統。
2010 年	2 月，欽奇利亞成為哥斯大黎加歷史上第一位女性總統。

2011 年	奧特嘉再度當選尼加拉瓜總統。
2012 年	6 月，中美洲與歐盟簽屬加盟協議。
2013 年	6 月，尼加拉瓜授權中國企業在該國建造運河。
2015 年	薩爾瓦多及宏都拉斯爆發大規模社會抗爭，要求國際組織調查其國內貪腐情事。
2015 年	4 月，宏都拉斯憲法法庭取消總統不得連任之規定。
2015 年	9 月，瓜地馬拉總統佩雷斯因貪汙醜聞辭職。
2015 年	茲卡病毒肆虐中美洲。
2016 年	中美洲經濟平均成長 3.92%。
2016 年	11 月，奧特嘉再度連任尼加拉瓜總統，任期至 2022 年。
2017 年	薩爾瓦多成為全球第一個禁止開採金屬礦產的國家。
2017 年	非洲棕梠樹持續摧毀瓜地馬拉北部森林。
2017 年	中美洲移民占美國 4400 多萬移民的 8%。
2018 年	8 月，薩爾瓦多與中華民國中止外交關係。
2019 年	中美洲有 1 萬 4000 多民眾遭殺害。
2019 年	美國遣返近 10 萬名中美洲移民。
2020 年	新冠肺炎嚴重影響中美洲各國。
2021 年	中美洲獨立 200 周年。
2021 年	中美洲統合體系成立 30 周年。

參考書目

中文部分

江時學主編，《拉美國家的經濟改革》，經濟管理出版社，北京，1998。

何國世，《在地球的彼端─拉丁美洲》，五南書局，臺北，2015。

李明德主編，《簡明拉丁美洲百科全書（含加勒比地區）》，中國社科，北京，
　　2001。

李建忠，《簡明拉丁美洲文化辭典》，旅遊教育出版社，北京，1997。

李春輝，《拉丁美洲史稿上、下冊》，商務印書館，北京，1983。

李春輝、蘇振興、徐世澄主編，《拉丁美洲史稿第三卷》，商務印書館，北京，
　　1993。

柯爾（J. P. Cole）撰／辛業泉編譯，《拉丁美洲地理》，正光書局，臺北，1973。

洪育沂，《拉美國際關係史綱》，外語教學與研究出版社，北京，1998。

郝名瑋、徐世澄著，《拉丁美洲文明》，中國社會科學院，北京，2000。

高放等編著，《萬國博覽：美洲‧大洋洲卷》，新華，北京，1999。

張家哲著，《拉丁美洲：從印第安文明到現代化》，中國青年，北京，1999。

陳芝芸等著，《拉丁美洲對外經濟關係》，世界知識，北京，1991。

陳國俊、金計初，《拉丁美洲資本主義發展》，人民出版社，北京，1997。

復旦大學拉丁美洲研究室，《拉丁美洲經濟》，上海人民出版社，上海，1986

萊斯利‧貝瑟爾主編／中國社會科學院拉丁美洲研究所組譯／江時學等翻譯，
　　《劍橋拉丁美洲史》，經濟管理出版社，北京，1996。

楊宗元，《拉丁美洲史》，華岡，臺北市，1977。

詹全友，《印第安文明沉浮錄》，四川人民出版社，四川，1999。

維克托‧布爾默─托馬斯著/張凡、吳洪英、韓琦譯，《獨立以來拉丁美洲經濟的
　　發展》，中國經濟，北京，2002。

關達等編著，《第二次世界大戰後拉丁美洲政治》，中國社會科學出版社，北
　　京，1987。

蘇振興、徐文淵主編，《拉丁美洲國家經濟發展戰略研究》，北京大學出版社，
　　北京，1987。

墨刻出版社，《中美洲》，墨刻出版社，臺北，2016。

外文部分

Booth, John A. and Walker, Thomas W., Understanding Central America. Westview Press, Oxford, 1993.

Casaús Arzú, M.E. y Castillo Quintana, R. Centroamérica: Balance de la década de los 80. Una perspectiva regional. Fundación Cedeal, Madrid, 1993.

Chang-Rodríguez, Eugenio. Latinoamérica: su civilización y su cultura. Tercera edición, Thomson-Heinle, Canadá, 2000.

Fox, Arturo A. Latinoamérica: Presente y pasado. Prentice Hall, New Jersey, 1997.

Kattán-Ibarra, Juan. Perspectivas culturales de Hispanoamérica, National Textbook Company, Lincolnwood, Illinois USA, 1995.

Guillén, Diana. Costa Rica. Alianza Editorial Mexicana, México, 1988.

López, José Roberto. La economía del banano en Centroamérica. Colección Universitaria, Costa Rica, 1988.

Luard, Elisabeth. Cocina latinoamericana. Blume, Barcelona, 2005.

Malamud, Carlos y otros. Historia de América. Editorial Universitas, Madrid, 1995.

Pastor, Rodolfo. Historia de Centroamérica. El Colegio de México, México, D.F., 1988.

Pearcy, Thomas L. The History of Central America. Greenwood Press, London, 2006.

Pérez Brignoli, Héctor. Breve historia de Centroamérica. Alianza Editorial, Madrid, 2000.

Pérez Brignoli, Héctor. Breve historia de Centroamérica. Alianza Editorial, Madrid, 1985.

Romero V., German J. Historia de Nicaragua. Tomo I y II. Red Editorial Iberoamericana, 1991.

Torres-Rivas, Edelberto(editor). Historia general de Centroamérica. Tomo I-VI, Sociedad Estatal Quinto Centenario, Madrid, 1993.

Toussaint Ribot, Mónica. Guatemala. Alianza Editorial Mexicana, México, 1988.

Zarzalejos, María del Carmen. El libro de la cocina iberoamericana. Alianza Editorial, Madrid, 1992.

國家圖書館出版品預行編目資料

中美洲導覽：共同的歷史、不同的命運／何國
　世著. －－初版.－－臺北市：五南圖書出
　版股份有限公司, 2021.10
　面；　公分
　ISBN 978-986-522-972-6（平裝）

1.文化　2.中美洲

755.03　　　　　　　　110011574

1W1K　西洋史系列

中美洲導覽
共同的歷史、不同的命運

作　　者－ 何國世

發 行 人－ 楊榮川

總 經 理－ 楊士清

總 編 輯－ 楊秀麗

副總編輯－ 黃惠娟

責任編輯－ 吳佳怡

校　　對－ 張耘榕

封面設計－ 姚孝慈

出 版 者－ 五南圖書出版股份有限公司

地　　址：106台北市大安區和平東路二段339號4樓

電　　話：(02)2705-5066　　傳　　真：(02)2706-6100

網　　址：https://www.wunan.com.tw

電子郵件：wunan@wunan.com.tw

劃撥帳號：01068953

戶　　名：五南圖書出版股份有限公司

法律顧問　林勝安律師事務所 林勝安律師

出版日期　2021年10月初版一刷

定　　價　新臺幣280元

經典永恆·名著常在

五十週年的獻禮——經典名著文庫

五南，五十年了，半個世紀，人生旅程的一大半，走過來了。

思索著，邁向百年的未來歷程，能為知識界、文化學術界作些什麼？

在速食文化的生態下，有什麼值得讓人雋永品味的？

歷代經典·當今名著，經過時間的洗禮，千錘百鍊，流傳至今，光芒耀人；

不僅使我們能領悟前人的智慧，同時也增深加廣我們思考的深度與視野。

我們決心投入巨資，有計畫的系統梳選，成立「經典名著文庫」，

希望收入古今中外思想性的、充滿睿智與獨見的經典、名著。

這是一項理想性的、永續性的巨大出版工程。

不在意讀者的眾寡，只考慮它的學術價值，力求完整展現先哲思想的軌跡；

為知識界開啟一片智慧之窗，營造一座百花綻放的世界文明公園，

任君遨遊、取菁吸蜜、嘉惠學子！